AF461917

CINQUANTENAIRE

DE

MGR RENAUDIN

25, 26, 27 MAI 1890

RÉCIT DES FÊTES

DU

JUBILÉ SACERDOTAL

DE

MGR RENAUDIN

SUPÉRIEUR DU PETIT SÉMINAIRE DE SAINTE-CROIX

AUX MINIMES

Rue d'Illiers, à Orléans

25, 26, 27 MAI 1890

ORLÉANS
IMPRIMERIE DE GEORGES JACOB
8, RUE SAINT-ÉTIENNE, 8

—

1891

Le 18 février 1890, Mgr l'Évêque d'Orléans annonçait au clergé de sa ville épiscopale, réuni pour le saluer à son retour de Rome, que le Saint-Père, voulant récompenser une vie consacrée tout entière à l'œuvre de l'éducation, avait nommé M. le Supérieur du Petit-Séminaire de Sainte-Croix Prélat de sa Maison. Les applaudissements prolongés qui accueillirent cette nouvelle prouvèrent à Monseigneur que ses prêtres étaient reconnaissants à leur Évêque d'une distinction obtenue grâce à son initiative personnelle, et heureux de témoigner de leur unanime et profonde vénération pour celui qui avait été leur ami et leur père.

C'était là le prélude des fêtes qui devaient se succéder au Petit-Séminaire de Sainte-Croix, les 25, 26 et 27 mai. Le Souverain-Pontife et l'Évêque d'Orléans donnaient l'exemple ; à d'autres appartenait de préparer la fête de famille.

Immédiatement, professeurs et anciens élèves se mirent à l'œuvre. Différentes commissions furent instituées, différents projets furent mis à l'étude : les difficultés étaient grandes, mais le dévouement de tous les aplanit ou les supprima. En même temps une souscription fut ouverte pour offrir à M. le Supérieur un souvenir durable de ses Noces d'or. Mais quel souvenir pouvait lui être agréable? On savait qu'il n'accepterait rien pour lui-même : « Si l'on voulait faire quelque chose, ce devait être pour Dieu et pour Dieu seul. » La chapelle du Petit-Séminaire avait été l'œuvre de prédilection de M. le Supérieur : il en avait fait le livre d'or de ses anciens élèves. Il n'y manquait qu'une chose : une tribune. La construction d'une tribune fut donc décidée. Un ancien élève des Petits-Séminaires d'Orléans, architecte des beaux-arts, M. H. Rapine, soumit au comité un plan très artistique, qui donnait pleine satisfaction à tout le monde, même au bon Supérieur, lequel ne voyait pas sans appréhension arriver le moment où les ouvriers allaient mettre le marteau et la pioche dans les murs de sa chère chapelle.

Les offrandes ne tardèrent pas à affluer. Il en arrivait de tous les coins de la France. Des amis de Mgr Renaudin, parmi lesquels Son Éminence le cardinal Place, qui l'honora toujours de son affection bienveillante, étaient heureux de lui témoigner ainsi l'excellent souvenir qu'ils avaient gardé de lui. Les pères de famille, dont il avait élevé les enfants, saisissaient avec joie l'occasion de lui exprimer leur reconnaissance. D'anciens élèves, qui lui devaient tout et qui s'en souvenaient, s'empressaient de faire parvenir leur offrande, quelques-uns prélevant sur leur superflu, d'autres sur leur nécessaire, témoin ce jeune professeur qui écrivait, avec l'accent de la plus profonde et de la plus délicate gratitude, qu'il distrayait avec bonheur une partie de son premier traitement pour celui qui avait tant fait pour lui. Nombre de ces lettres furent mises sous les yeux de Mgr Renaudin, et nous savons qu'il y trouva la plus douce récompense de ses longs travaux.

Les journées du 25 et du 26 lui réservaient pourtant bien d'autres émotions.

Le samedi 24, tout était prêt. La tribune, construite sous la direction de M. Pagot, était suffisamment avancée et offrait à l'admiration de tous son architecture élégante; l'avis était unanime pour constater qu'elle complétait dignement la belle chapelle des Minimes.

La cour d'honneur était parée d'oriflammes, dont les inscriptions avaient été très heureusement choisies parmi les textes de la sainte Écriture relatifs à l'éducation des enfants, et qui se mêlaient dans un harmonieux ensemble aux fleurs, aux guirlandes de feuillage et aux faisceaux de drapeaux aux couleurs de la France et de Jeanne d'Arc, surmontant les écussons de la Ville et de la Pucelle d'Orléans. La salle du banquet, construite en quelques jours dans la cour des petits, attendait ses nombreux convives.

I

La première journée de fête était plus spécialement réservée aux *Élèves actuels* (il avait fallu, bien à regret, la place manquant, établir différentes catégories). Elle s'ouvrit par une **messe de communion.** A Dieu, en effet, appartenaient les prémices de ces solennités destinées à fêter un de ceux qu'il avait honorés de son sacerdoce ; et n'était-il pas naturel que le premier cri de reconnaissance montât vers Lui en ce jour de la Pentecôte? Une surprise, due à une inspiration aussi délicate que pieuse, attendait M. le Supérieur ; en arrivant au pied de l'autel, il retrouva ses chers enfants groupés autour de lui comme dix jours auparavant, dans leurs habits de première communion.

L'un d'eux, L. Bollée, au nom de tous, demanda à Dieu, dans la prière suivante, de se charger de la dette commune :

Seigneur Jésus, nous voici prosternés devant Vous, autour du Père bien-aimé qui ne vit que pour Vous, qui nous fait connaître Votre nom, qui nous inspire Votre amour, qui nous donnait ici, il y a dix jours, Votre corps adorable et Votre sang divin pour la première fois de notre vie.

Et nous venons Vous prier pour lui.

Et c'est Vous que nous prions, ô Jésus, Vous qui aimez tant les enfants et qui voulez qu'on Vous les amène et qu'on Vous les fasse bénir.

Et Vous avez dit : « Celui qui prendra soin d'un seul de ces petits, c'est de Moi qu'il prend soin..... »

Comptez Vous-même, ô Jésus, toutes les âmes d'enfants que, depuis cinquante ans, il a élevées pour Vous, auxquelles il a fait faire, comme à nous, leur Première Communion ; dont il a fait des âmes chrétiennes ; — toutes celles qu'il a menées jusqu'au saint autel, pour y dire comme lui là Sainte Messe, et toutes celles aussi qu'il a déjà menées au Ciel.....

Comptez-les, Seigneur Jésus, et donnez-lui sa récompense.....

Et vous, ô Marie, *Reine et Mère du Petit Séminaire de Sainte-Croix* (1), vous connaissez bien celui qui vous appelle ainsi depuis longtemps : nous vous confions notre Père. Priez pour lui avec nous le Sacré Cœur de Jésus et soyez-lui bien longtemps encore, dans cette maison, Notre Dame du Perpétuel Secours. Ainsi soit-il.

Aussitôt, comme au lendemain de son ordination, cinquante ans auparavant, avec la même voix vibrante

(1) Tous, au Petit Séminaire de Sainte-Croix, ont pu lire, au bas du vitrail de l'Immaculée-Conception, que la Sainte-Vierge y est proclamée la mère et la reine de la maison : *hujus domûs mater et regina*, et tous ont gardé le souvenir de ces quatre mots : *Salve, Regina ! Salve, Mater !* par lesquels M. le Supérieur se plait tous les ans à saluer la Mère de Dieu au retour des vacances, en lui consacrant la famille réunie.

et les mêmes émotions, M. le Supérieur entonna le *Veni Creator*.

Ceux qui lui devaient leur vocation sacerdotale étaient aussi là, représentés par vingt élèves du Grand Séminaire (1). Et quand la voix de l'abbé G. Arnoult, l'un d'entre eux, s'éleva au milieu du recueillement général, redisant avec élan la prière tombée des lèvres divines : *Pater noster, qui es in cœlis*, prière pour laquelle Niedermeyer a su trouver une harmonie si large et si puissante, la pensée de tous se reportait instinctivement du Père qui est aux cieux au Père qui à ce moment même priait pour ses enfants. Quelques instants auparavant, en quelques paroles émues, il avait demandé à l'Esprit divin de soutenir ses forces, d'éclairer d'un rayon de joie et d'espérance le soir de sa vie. Mais il l'avait prié surtout pour ces petits qu'il avait tant aimés et qu'il voulait aimer jusqu'à la fin.

La messe terminée, le défilé des élèves se forma, et bannières en tête, au chant du *Magnificat*, la communauté tout entière, professeurs et élèves, conduisit

(1) Quelques instants plus tard, pendant le premier déjeuner, un des diacres qui allaient, le soir même, entrer en retraite pour être ordonnés prêtres, l'abbé de la Bigne, résumait les pieuses impressions de tous dans ce toast improvisé :

Monseigneur,

A la veille de leur sacerdoce, vos anciens du Petit Séminaire, actuellement au Grand Séminaire, ont senti leurs cœurs de lévites tressaillir de joie en assistant à la messe de votre cinquantenaire. Ils ont demandé à Dieu surtout une grâce : celle de reproduire en eux les exemples qu'ils ont eus si souvent sous les yeux dans leur première jeunesse. *Ad multos annos.*

M. le Supérieur dans la cour d'honneur, où, au milieu du silence et du recueillement général, chacun reçut avec bonheur la bénédiction du nouveau prélat.

Le soir, une foule nombreuse se pressait dans cette même cour, pour les **souhaits de fête.** La pluie, qui survint alors, amena au programme un léger changement ; on entra de suite à la chapelle pour recevoir la bénédiction du Saint-Sacrement. N'était-il pas juste que Dieu, qui avait eu l'aurore de ce beau jour, en eût encore le déclin ? N'était-il pas convenable que, au *Veni Creator*, répondit, comme un écho, le *Te Deum ?* Aussi fut-il chanté par toutes les voix avec un entrain remarquable. S'il est des heures bénies, où la reconnaissance chrétienne monte de la terre au ciel de façon à réjouir les anges et les saints, cette heure-là fut du nombre !... Bientôt le soleil, envoyant de nouveau ses rayons allongés à travers le grand vitrail qui représente Jésus bénissant les enfants, semblait le sourire du Père céleste à ses fils de prédilection.

Après le salut tous s'empressèrent autour du buste en bronze de Mgr Renaudin, dû à notre jeune et habile compatriote M. Manière. Les Anciens avaient tenu à offrir ce souvenir de son cinquantenaire à leur vénéré Supérieur. En leur nom, M. A. Callier, Président de la Conférence, lui en fit la remise, et aussitôt il commença le premier souhait de fête, dans un compliment rempli de pensées gracieuses, et, ce qui vaut mieux encore, de sentiments vrais.

Monseigneur,

C'est à vos Anciens qu'appartient, ce soir, l'honneur de vous adresser les premiers la parole.

Ils en sont fiers, ils en sont heureux, et vous, jeunes amis, vous n'en serez pas jaloux ; car si tous ici, jeunes et vieux, aiment Monsieur le Supérieur d'un amour égal, c'est notre privilège à nous de l'aimer depuis plus longtemps et de lui devoir plus que vous ne lui devez encore.

Ce que nous vous devons, Monsieur le Supérieur, c'est ce qui fait l'honneur de toute vie humaine : l'amour de Dieu ! l'amour du travail et de la charité ! l'amour de l'Église et la Patrie !

C'est sur ce solide fondement que reposent notre filiale affection et notre reconnaissance.

Mais c'est un autre sentiment qui déborde en ce moment de nos cœurs : nous n'osons pas d'ordinaire vous l'exprimer ; mais aujourd'hui et demain, il faut qu'il se fasse jour, et vous vous résignerez, Monseigneur, à nous entendre chanter, avec notre affection et notre reconnaissance, notre fierté d'avoir un Supérieur tel que vous.

Car voilà cinquante ans que vous êtes monté pour la première fois à l'autel ! cinquante ans que vous vous êtes consacré *au service de Dieu et des âmes ;* et depuis ce temps, avec un dévouement que rien ne lasse, vous n'avez pas cessé de donner *au service de Dieu et des âmes* le meilleur de votre cœur et une ardeur qui ne s'éteint pas.

Pendant cette moitié de siècle, combien sont passés par vos mains ! combien ont été pressés et réchauffés sur votre cœur, préservés et relevés par vous, de ces enfants et de ces jeunes gens, qui sont aujourd'hui des hommes et qui luttent, soldats intrépides, pour l'honneur et pour le devoir !

Et de si loin qu'ils reviennent, si longue qu'ait été leur absence, tous, ils retrouvent en vous le père des premiers jours : c'est la même infatigable et obstinée bonté ! le même élan, la même ardeur, le même enthousiasme, le même cœur enfin, « un cœur de mère dans une âme de prêtre » : si bien qu'en vous voyant, en vous entendant surtout, ils se prennent à redire avec le poète :

Les plus jeunes de cœur sont encor les aïeux !

Voilà pourquoi nous sommes fiers de vous, Monsieur le Supérieur, fiers d'appartenir à cette maison que vous avez fondée, fiers de pouvoir nous dire vos enfants !

Et n'essayez pas de nous imposer silence, car les insignes que vous portez aujourd'hui, la place d'honneur que Léon XIII vous a faite parmi ses familiers, légitiment notre orgueil, et aux protestations de votre modestie nous pouvons désormais opposer une autorité plus grande que la vôtre, l'autorité du Souverain-Pontife !

Parmi vos Anciens, tous ne peuvent pas revenir ; quelques-uns ne se retrouvent près de vous qu'à de rares et lointains intervalles ; et il ne leur suffit pas d'avoir emporté dans leur cœur le souvenir de vos bontés et de vos bienfaits : ce sont vos traits qu'ils ont souvent demandés, c'est votre image, et ils la voulaient durable comme l'airain, impérissable comme lui ! — Pour répondre à leur désir, la Conférence des Anciens vous offre ce bronze, Monsieur le Supérieur, et elle l'offre en même temps à tous vos enfants dispersés, pour qu'au foyer de la famille ils puissent retrouver l'image de leur maître bien-aimé !

Enfin, Monseigneur, nous avons réuni dans un volume

quelques extraits des travaux qui ont été lus à nos séances littéraires (1).

Daignez en accepter l'hommage. Ces pages vous appartiennent et vous les connaissez déjà : c'est vous qui les avez inspirées.

Qu'elles demeurent comme un témoignage de la bienveillance avec laquelle vous encouragez depuis dix ans les essais de vos prosateurs et de vos poètes.

Et puissent-elles vous rappeler quelquefois et la reconnaissance et la respectueuse affection de vos « chers Anciens » !

Bien qu'ils n'eussent qu'à répéter ce qu'avaient si bien exprimé leurs aînés, les élèves actuels voulurent qu'un philosophe, H. Popot, parlât pour eux :

MONSIEUR LE SUPÉRIEUR,

Il appartenait à nos aînés de se présenter à vous ce soir les premiers. Ils ont qualité pour parler au nom de la nombreuse famille, dont nous sommes les plus jeunes membres, mais il est juste qu'après eux nous vous disions les sentiments qui, à cette heure, remplissent notre âme. Nous ne pouvons guère, il est vrai, que répéter ce qui vous a déjà été dit, car vos enfants d'aujourd'hui comme ceux d'hier, ayant connu la même tendresse, vous gardent au fond du cœur la même reconnaissance, le même filial amour.

Ceux qui nous ont précédés de quelque trente ans ont eu les prémices de votre zèle, mais nous savons quel il devait être et nous n'avons rien à leur envier, puisqu'il

(1) Ce volume a pour titre : *Souvenirs Littéraires*, offerts par la Conférence des Anciens à Mgr Renaudin, Supérieur du Petit Séminaire de Sainte-Croix, à l'occasion du cinquantenaire de son sacerdoce.

est resté pour nous ce qu'il était autrefois, aussi jeune, aussi ardent et non moins infatigable. Et lorsque, pour allumer dans nos cœurs l'amour des grandes études, des grandes choses, l'amour de l'Église et de la France, vous nous redites les enthousiasmes de votre jeunesse, ah ! nous vous croyons sans peine, Monsieur le Supérieur, car nous les voyons aussi vifs que les ont vus nos aînés.

Ils seront là demain, les premiers élèves du Petit-Séminaire d'Orléans ; ils retrouveront et reconnaîtront facilement leur ancien maître : pourtant nous pourrons leur témoigner, nous qui vous voyons chaque jour à l'œuvre, que le dévouement du professeur de Rhétorique de 1846, qui a veillé sur leurs jeunes ans, loin de diminuer, s'est fait plus entier et plus tendre encore.

Aussi permettez-nous, Monsieur le Supérieur, de vous le dire dans toute la sincérité et la simplicité de notre reconnaissance, nous remercions Dieu, et plus tard, quand nous reviendrons sur le passé, nous le remercierons encore d'avoir donné à notre jeunesse cette tendresse paternelle, qui a si heureusement remplacé et complété ici l'amour d'un père et d'une mère. C'est elle qui nous a fait comprendre et aimer tout ce qui est grand, beau et aimable.

A vous, à vous surtout, nous devons les principes religieux qui feront de notre vie une vie noble et utile : utile à l'Église, utile à la France, car vous nous avez appris à les aimer d'un égal amour ; et ces cinquante cohortes de vos fils, qui se pressent aujourd'hui à vos côtés, vaillants et chrétiens, sont prêts à les défendre l'une et l'autre.

Ne regrettez donc point, Monseigneur, ces honneurs mérités qui viennent récompenser votre zèle : il fallait bien ajouter quelque chose à la gloire d'un père qui pour ses enfants ne peut plus rien ajouter à sa bonté.

Au dîner qui suivit, et où, selon l'usage, M. le Supérieur réunissait à sa table tous les professeurs du

Petit-Séminaire, M. l'abbé Dumontel compléta ces souhaits. Au nom du corps professoral, qui l'honore comme son doyen, dans un toast plein d'à-propos, il porta la santé de son vieil ami. Nous ne pouvons mieux faire que de rapporter ici ses propres paroles :

Un mot seulement : j'ai une dette à payer à Mgr Renaudin, dette un peu arriérée, mais j'espère que vous me viendrez en aide pour l'acquitter. Le 12 juillet 1871, au Petit Séminaire de la Chapelle-Saint-Mesmin, dans une fête analogue à celle-ci, M. le Supérieur du Petit-Séminaire de Sainte-Croix, Monsieur Renaudin alors, aujourd'hui *Monseigneur* Renaudin, avait la bonté de prendre la parole pour célébrer la cinquantaine d'un professeur qui avait débuté en 1846. A dire vrai, on ne fêtait que 25 ans de professorat, mais on consacrait le principe posé par Mgr Dupanloup, que, dans l'enseignement, les années comptent double, comme dans l'armée les années de campagne. C'est à ce titre et au nom d'une vieille amitié que je propose un toast au *centenaire* de Mgr Renaudin.

Il aurait manqué quelque chose au tableau si M. l'abbé Dumontel n'avait donné son coup de crayon ; et il était difficile que la touche en fût plus délicate. C'était terminer dignement cette première journée.

II

Rendez-vous avait été donné pour **le lundi de la Pentecôte** aux *Anciens Élèves* du Petit-Séminaire. Dès la veille, un certain nombre d'entre eux étaient venus se joindre à leurs jeunes frères pour présenter leurs souhaits de fête à leur vénéré Supérieur. Ils arrivaient un peu de partout, quelques-uns franchissant de longues distances, fidèles à l'appel de leurs maîtres, fidèles surtout à l'inspiration de leur cœur. A côté des anciens élèves, les anciens professeurs, et le concours de ces derniers, pour avoir été moins remarqué peut-être, n'en a pas moins eu, il nous semble, une signification éloquente. L'un d'eux était venu tout exprès de Hambourg pour témoigner à Mgr Renaudin de sa vénération et de sa gratitude. Heureux le supérieur qui, après de longues années de séparation, a laissé dans l'âme de ses collaborateurs un souvenir tel qu'il les retrouve auprès de

INTÉRIEUR DE LA CHAPELLE

lui au jour de ses noces d'or, reliant par une chaîne ininterrompue le présent au passé !

Enfin les amis étaient là, eux aussi, amis d'hier, amis d'aujourd'hui, ceux-là dont les rangs s'étaient éclaircis, mais tenant encore vaillamment tête aux années et montrant que les souvenirs et les affections d'autrefois sont toujours en eux vivants et tenaces; ceux-ci en grand nombre, attirés ou par la reconnaissance ou par une sincère admiration pour l'homme qui a tant fait de bien autour de lui.

Anciens maîtres, anciens et jeunes élèves, amis de tout âge, se pressaient, au matin, sur les bancs de la chapelle des Minimes, parée de fleurs et étincelante de lumières. Là, ils retrouvaient le premier Pasteur du diocèse, qui, depuis longtemps, avait promis de venir se mettre à la tête de ces bataillons pacifiques le jour où ils célébreraient le triomphe de leur vaillant chef. Mgr l'Évêque d'Orléans avait voulu qu'aucun éclat ne manquât à cette fête, et il s'était gracieusement offert à officier pontificalement.

A neuf heures, il faisait donc son entrée dans la chapelle du Petit-Séminaire, assisté de MM. les Archidiacres d'Orleans et de Montargis, et suivi d'un clergé nombreux. Pendant la messe, les Anciens entendirent, après de longues années d'absence, ces mêmes chants qui avaient fêté leur bonheur au jour béni de leur première communion. Cette même messe, d'un vieux maître de chapelle de la cathédrale, L. Pelletier, à qui d'autres pourront adresser des critiques, mais que, pour notre part, nous aimons à entendre

chanter par ces voix d'enfants; presque ce même orchestre, composé en majeure partie d'anciens élèves ou d'amis fidèles de la Maison; tous ces souvenirs d'autrefois, ils les retrouvaient vivants, et, après avoir quelques instants écouté, doucement émus et ravis, tout à coup redevenus jeunes, ils mêlaient leurs voix graves aux voix enfantines de leurs frères, et reprenaient avec bonheur la mélodie qui, depuis si longtemps interrompue, sommeillait au fond de leur mémoire.

A onze heures, M. le Supérieur, à son tour, célébrait la sainte messe. Toutes les places avaient été réservées aux seuls Anciens et amis. C'était le sacrifice d'actions de grâce que le père et les enfants devaient offrir au Dieu qui, depuis cinquante années, avait veillé sur la famille. Aussi, avant de monter au saint autel, M. le Supérieur voulut établir le caractère propre de cette cérémonie, en laissant parler simplement son cœur et sa foi. Il le fit en ces termes :

Mes chers Élèves,
Mes chers Amis,

Voilà donc cinquante ans que j'ai l'honneur d'être prêtre, cinquante ans que je célèbre la sainte Messe ! Que de grâces accumulées pendant ce demi-siècle ! Que de bienfaits !

Aussi, c'est à Dieu d'abord que s'adresse ma reconnaissance ! Il a été si bon pour moi !...

Il ne m'a pas seulement fait prêtre; il m'a appelé à la noble mission d'éducateur. A Vous, à Vous, mon Dieu ! tout entières les années qui me restent, et, si c'est Votre sainte

2

volonté, à l'œuvre qui a été le grand honneur de ma vie!

Après Dieu, je remercie le Souverain-Pontife Léon XIII, qui a daigné me nommer *Prélat de sa Maison*. Je voudrais que ma voix traversât les mers pour lui faire entendre le cri de ma reconnaissance. Et, puisque je ne puis rien autre chose, je veux, du moins, protester ici de mon dévouement absolu à sa personne sacrée et à la sainte Église, catholique, apostolique et romaine. Pour lui, pour elle, je suis prêt à tous les sacrifices.

Permettez-moi, Monseigneur, de vous remercier aussi : car, cet honneur, c'est à vous que je le dois. Vous m'avez toujours témoigné la plus grande bienveillance ; vous m'en donnez une nouvelle preuve aujourd'hui.

Je remercie MM. les Vicaires généraux, qui portent tant d'intérêt à cette chère maison.

Je remercie mes chers collaborateurs, qui ont préparé avec tant de dévouement et tant de délicatesse tous les détails de cette fête ; j'en suis touché jusqu'à en être confus ; et encore, je ne sais pas tout...

Je remercie mes excellents condisciples, dont les rangs se sont, hélas ! bien éclaircis, mais qui ont voulu se retrouver aujourd'hui auprès de moi. Quant à ceux qui manquent, nous les rejoindrons, lorsque Dieu voudra ; et, en attendant, nous donnerons l'exemple à nos jeunes frères dans le sacerdoce.

A vous, mes chers amis, mes chers élèves de tous les âges, je dois un remerciement particulier. Cette chapelle est un monument de votre amitié : vous l'avez faite ce qu'elle est, c'est-à-dire splendide. Cette tribune, due, elle aussi, à votre générosité et à la générosité de vos bonnes familles, vient ajouter une dette nouvelle à tant d'autres. Mais je n'en suis point effrayé : Dieu paiera pour moi. Je vais tout à l'heure l'en conjurer de toute mon âme.

Je vous demande à tous une prière pour votre vieux Supérieur. En cinquante années, j'ai reçu bien des grâces ;

et c'est ce qui m'effraie. Priez pour que Dieu bénisse mes dernières années, et qu'il me donne, au jour qu'il a marqué, la paix promise aux âmes de bonne volonté.

Après ces paroles, qui firent couler bien des larmes, la messe commença. Quelle pouvait être dans le temple saint la réponse de ces générations de chrétiens à leur Père dans la foi ? N'était-ce pas le lieu, l'occasion d'emprunter à l'Église le plus sublime de ses chants, celui où elle affirme son invincible croyance aux paroles divines, son éternelle espérance aux promesses du Christ ? Aussi, en entendant ces voix énergiques redisant le *Credo*, on sentait qu'une conviction profonde les faisait vibrer, et on ne pouvait se défendre d'une vive émotion, une de ces émotions que l'on éprouve en présence d'une belle action ou d'un grand spectacle.

Après la foi, la reconnaissance. Deux voix admirablement faites l'une pour l'autre, interprétant avec beaucoup d'âme le magnifique cantique du Père Hermann, faisaient monter jusqu'à Dieu le cri de la commune reconnaissance : *Mon âme, ah ! que rendre au Seigneur !*

Le recueillement profond de l'assistance, l'air sérieux et grave de tous ces jeunes hommes unis dans la même prière, donnèrent à cette messe un caractère spécial. Nous avons recueilli, de la bouche de plus d'un, l'aveu de l'émotion intense qui les avait saisis en s'agenouillant à ces mêmes places, où ils avaient prié pendant les plus belles années de leur enfance, dans cette chapelle où ils avaient fait leur première communion et où ils retrouvaient gravé en lettres d'or le souvenir fidèlement gardé au fond de leur âme. Ceux-là mêmes qui avaient passé là légers et insouciants se rappelaient certains moments où le devoir leur était apparu plus auguste, la route à suivre plus nette, l'avenir plus grave. Et ils étaient revenus avec bonheur, au berceau de leurs premières et généreuses inspirations, se retremper à la source même de toute vertu et de tout honneur, auprès de Celui qui avait réjoui leur jeunesse et avait fait leur âge mûr, utile et fécond en œuvres.

N'est-ce pas là, d'ailleurs, le vrai charme de toute réunion d'Anciens dans ces maisons privilégiées, où le cœur et l'âme se sont formés au bien, en même temps que l'esprit s'est orné et la volonté affermie?

A midi, la salle du banquet ouvrait ses portes aux quatre cents convives qui avaient répondu à l'invitation adressée au nom du Petit-Séminaire de Sainte-Croix. Au fond se détachaient les armes de Mgr l'Évêque d'Orléans et celles du nouveau Prélat, au milieu d'écussons rappelant les dates importantes de ces cinquante années de dévoûment.

Nous ne pouvons nommer ici toutes les notabilités présentes au banquet. Le clergé, ayant à sa tête Mgr l'Évêque, était représenté par MM. les Vicaires généraux, M. le Supérieur du Grand-Séminaire, et un grand nombre de Doyens et de Curés. M. le Supérieur de La Chapelle et une bonne partie de ses Professeurs, MM. les Supérieurs de l'École Saint-Grégoire de Pithiviers, et de Saint-François-de-Sales de Gien, étaient venus affirmer, avec leurs sympathies pour une maison amie et son Chef vénéré, leur dévoûment à une œuvre commune. Des représentants de la Société orléanaise, qui, quelques instants plus tard, devaient prendre à la fête une part active, avaient leur place marquée à la table d'honneur.

Dans l'immense salle ornée de fleurs, les Anciens se formaient en groupes par années de rhétorique. Et tout avait été si bien organisé, qu'en cinq minutes, et sans la moindre hésitation, toutes les tables étaient garnies. Alors commencèrent les questions, les étonnements, les confidences, les retours vers le passé et ces conversations interminables qu'alimentent ces mille choses charmantes que des amis ont toujours à se dire après des années d'absence. Le déjeuner, d'ailleurs, était assez bien servi pour éloigner de l'esprit des convives toute préoccupation d'un autre ordre.

A la fin du repas, un ancien condisciple de M. le Supérieur, M. l'abbé Lelong, curé de Tavers, se leva le premier, et, envisageant au point de vue surnaturel l'œuvre accomplie par son vénérable ami, il s'écriait : *Digitus Dei est hic*, et conviait tous les assistants à saluer avec lui le jour que Dieu avait fait : *Hæc dies quam fecit Dominus, exultemus et lætemur in ea.* Pourquoi faut-il qu'une modestie excessive se soit refusée à communiquer le texte même des paroles prononcées alors avec une jeunesse de cœur qui en doublait encore le mérite ?

A son tour, M. Arthur Johanet, dans un toast éloquent, rendait hommage au Professeur et au Supérieur.

Monsieur le Supérieur et cher Professeur,

Laissez-moi oublier, en ce moment, les distinctions honorifiques qui vous ont été récemment décernées et dont nous sommes si heureux de vous voir porter les insignes, pour vous saluer, à cette heure, seulement en cette double qualité de professeur et de supérieur, qui résume si complètement, ce me semble, les cinquante années de votre longue, de votre dévouée, de votre belle existence sacerdotale.

Professeur et supérieur ! vous voilà tout entier. Science et dévouement ! c'est bien la devise qui convient à votre existence honorée. C'est celle que notre reconnaissance veut graver aujourd'hui sur l'anneau de ces fiançailles que vous renouvelez avec l'enfance et la jeunesse, dans ce beau jour de vos noces d'or !

Ah ! vos années de professorat, alors que vous étiez notre professeur respecté, nous, vos disciples parfois attentifs, je les salue, comme on salue un lointain souvenir, avec respect, avec reconnaissance et, pourquoi ne pas le dire ? avec une involontaire et bien légitime émotion !...

Lorsque nous quittions, vous et moi, il y a quarante-quatre ans, je crois, ces vieux murs du *petit* et du *moyen Séminaire*, dont le souvenir noirci n'est pas sans charmes, pour voguer vers les rives fortunées de La Chapelle, vers ce nouveau petit séminaire, vers cette terre promise où, nouveau Josué, vous nous introduisiez, que de jeunesse, que d'espérances, que de rêves dorés ! Comme les fruits de ce nouveau sol nous apparaissaient brillants !

Et d'ailleurs, n'était-ce pas l'idéal ? faire des humanités à La Chapelle, près de ces cours spacieuses, de ce parc ensoleillé, avec des professeurs tels que ceux qui nous étaient donnés, avec notre professeur de rhétorique de 1849, n'était-ce pas, je vous le demande à vous, mes camarades d'alors, la meilleure des fortunes ?

Vivre pendant trois et quatre ans, dans ce musée des Antiques, où se groupaient, pressées, les plus belles figures de l'antiquité, celles d'Athènes et de Rome, celles, plus graves peut-être, mais incomparables aussi, de notre XVIIe siècle, et vous y avoir, cher Monsieur le Supérieur, tous les jours, à chaque instant, pour cicérone, n'était-ce pas un sort digne d'envie ? Vous nous conduisiez au pied de la statue de chacun de ces demi-dieux ; vous nous appreniez à connaître, à distinguer leurs physionomies tantôt mélancoliques et douces, tantôt graves et majestueuses, souvent sublimes ; vous nous parliez leur langue ; vous nous appreniez à la balbutier ; bien plus, vous nous pénétriez de leur esprit, vous nous révéliez les secrets de leur génie et, exposant devant nos yeux tous les trésors de leur éloquence ou de leur poésie, vous nous laissiez charmés, et d'eux et de vous. Ah ! ceux qui, en regard de ces souvenirs, voudraient médire de la rhétorique, seraient ici mal venus. Jeunes amis de la rhétorique 1890, si vous connaissiez votre bonheur, *fortunatos nimium !*

Ces souvenirs sont lointains, mes amis ; les années se sont écoulées rapides, *fugaces labuntur anni...* Nos couronnes de rhétorique sont bien un peu fanées. Mais ce qui n'a pas vieilli, ce que les années n'ont fait qu'accroître, ce que le temps a décuplé, c'est notre reconnaissance, c'est notre estime, c'est notre affection profonde pour le professeur d'alors, et je suis assuré d'être votre interprète à tous, en acclamant ici celui qui était en classe le plus patient et le plus dévoué, au jeu le plus intrépide, et, parmi nos maîtres, l'un des plus aimés.

Mais si brillante qu'elle nous paraisse, ce n'est là que la moindre partie de votre œuvre, Monsieur le Supérieur.

Vous étiez né pour élever les enfants ; rarement vocation apparut mieux dessinée. Celui-là est né pour les armes, *natus ad arma ;* vous, vous étiez né pour l'éducation, *natus ad educationem.*

Un instant, sous le coup de circonstances exceptionnelles, vous devez vous séparer du séminaire de La Chapelle. Mais la Providence veille, attentive. Ce sera moins un exil qu'un éloignement momentané. Vous demeurerez près de vos anciennes affections, et, dans ce presbytère de Saint-Mesmin, où nos pas reconnaissants allèrent (il m'en souvient), plus d'une fois, vous trouver, il vous sembla, en prêtant une attentive oreille, entendre encore le son connu de la cloche ou les cris joyeux des élèves en récréation. Était-ce une illusion ? Je ne sais, mais quoi qu'il en fût, votre évêque voulut bientôt que l'illusion devînt une réalité.

Vous avez vu parfois, Messieurs, un essaim s'échapper d'une ruche trop pleine. Il erre un instant dans la campagne, bientôt se repose sur la branche de l'arbre du champ voisin, cherchant sa voie... en attendant qu'il découvre la ruche nouvelle, où il pourra déposer son miel et le faire fructifier.

Pour vous, cher Monsieur le Supérieur, cette ruche nouvelle, ce fut, après quelques tâtonnements, cette maison-mère, ce vaste établissement où nous sommes heureux de vous entourer et de vous acclamer.

Dans cette nouvelle ruche, dont les produits sont déjà si abondants, vous avez été, pour de nombreux enfants, l'initiateur, le guide, le père, et, l'on ne me pardonnerait pas de ne le point dire, vous en avez été *la mère...*

Tout à coup, sous votre habile impulsion, les vieux murs se blanchissent. Ils s'élargissent surtout devant le flot des élèves qui frappent à votre porte et qui vous demandent accueil. Vous procédez avec zèle et prudence, par annexions patientes, continues, successives, je parle d'annexions qui n'ont jamais apporté d'amertume aux territoires conquis.

Vous y restaurez une gracieuse chapelle. Chaque année, vos élèves y inscrivent en lettres d'or et en peintures charmantes leur reconnaissance. Nous avons été heureux de compléter aujourd'hui ce lieu de vos prédilections. Je dis « compléter », et je me trompe, qu'est-ce qui est jamais complet ? En contemplant tout à l'heure votre nouvelle tribune, je lui souhaitais, comme une annexe nécessaire, une voix harmonieuse et musicale pour s'élever vers le Ciel et le remercier des faveurs dont il a comblé cette maison. Mais l'avenir est fécond en promesses, en surprises. Sachons attendre...

Ce n'est point assez. Il vous a paru que le soleil et l'air étaient ici trop mesurés à vos chers enfants. Vous leur avez procuré une maison de campagne, à la porte d'Orléans, sur les rives de la Loire, avec une vue admirable sur notre vieille cité. C'est là qu'une fois chaque semaine, tous viennent se reposer des fatigues du travail, les élèves par de joyeux ébats, et vous, en vous préparant encore, dans un délassement fécond, à cueillir les palmes de nos Comices agricoles. Ah ! vous élevez si bien l'enfance que je ne saurais, en vérité, être surpris de vous voir si heureusement cultiver l'*Othello*. Décidément, en toute culture, vous avez une heureuse main !

Je ne vous ferai pas, mes amis, l'histoire du Petit-Séminaire de Sainte-Croix. Rassurez-vous. Elle serait trop longue, monotone à coup sûr, parce que ce serait, chaque année, l'histoire du même dévouement de la part des professeurs, des mêmes succès de la part des élèves, et inutile d'ailleurs devant vous qui l'avez écrite en quelque sorte.

Qu'il me suffise de rappeler que le succès fut immédiat,

qu'il a dépassé toutes les espérances. Vous avez, Monsieur le Supérieur, élevé *tout Orléans*. Il est bientôt devenu du meilleur goût et d'une mode heureuse de vous confier l'éducation de la Jeunesse orléanaise, et, dans notre ville, il semble, en vérité, qu'il manquerait quelque chose à un jeune homme *s'il n'avait été élevé chez M. Renaudin*.

Orléans, ville privilégiée, possède deux établissements d'éducation chrétienne et libre ; ils sont tous deux magnifiques et prospères.

Elle vous doit l'un d'eux, j'en suis le témoin, et suis heureux de le proclamer en ce jour. C'est la récompense de votre longue carrière, l'honneur de votre sacerdoce, la gloire de votre vie.

Vous devez être fier, Monseigneur, d'aussi beaux résultats. Peu de diocèses ont fait autant et mieux pour l'enseignement chrétien. Mgr Renaudin, à Orléans, M. l'abbé Vié, à La Chapelle ; autour d'eux, grâce à vos soins, des états-majors dignes de leurs chefs ; — chaque année, au moment des examens, de nombreuses palmes recueillies ; — hier et avant-hier, dans la chaire de Sainte-Croix, de magnifiques succès d'éloquence ; quoi de mieux ? Quelle récompense de votre ardente sollicitude pour l'éducation ! Quel beau fleuron pour votre couronne épiscopale !

J'en remercie aussi cette loi de 1850, qui a été l'origine de cet épanouissement d'éducation libre, loi libérale qui, sagement appliquée, nous procure, sans privilèges, sans faveurs, sans subventions gouvernementales, par le seul exercice des prérogatives du droit commun, une si abondante moisson.

J'ai fini, Messieurs ; j'espère avoir été quelque peu votre interprète.

Je porte la santé de Mgr Renaudin, de notre professeur d'hier, de notre Supérieur d'aujourd'hui.

Je la porte, au nom des absents qui envient notre sort et dont je vois les mains pressées se tendre vers nous.

Je la porte, au nom de tous ceux qui m'entourent, élèves de tous les âges.

Je la porte, en poussant avec un profond sentiment de confiance dans la Providence le cri traditionnel : *Ad multos annos !*

Les applaudissements prolongés qui accueillirent ce toast témoignèrent suffisamment que l'orateur avait été heureusement inspiré.

Mgr Godefroy, curé-doyen de Montargis, élève, lui aussi, de M. Renaudin, au rebours de tout le monde, se leva « pour reprocher à son ancien maître une grosse erreur par lui commise en .... 1841, le jour de la fête de saint Léon. Ce jour-là, le professeur était mécontent de ses élèves : ils lui avaient promis d'être sages, et..... s'étaient empressés d'oublier leurs promesses. Aussi crut-il devoir les appeler « Messieurs », en leur rappelant d'un ton sévère ce mot d'une femme célèbre :

Ce n'est pas pour longtemps que l'on aime toujours.

« Voilà votre erreur, Monsieur le Supérieur, nous vous aimons toujours; et vous aussi, vous nous avez assez prouvé que, quand vous aimez, c'est pour toujours. »

Nous n'avons pas besoin de dire quels bravos saluèrent la morale de cette heureuse et spirituelle historiette.

A tous ces toasts qui avaient évoqué les souvenirs du passé, M. le Supérieur répondit en faisant remonter à Dieu comme à son véritable auteur tout le bien qui s'est fait au Petit-Séminaire de Sainte-Croix depuis plus de trente ans, et en rappelant les noms de ceux qui avaient été ses premiers maîtres et ses premiers bienfaiteurs : MM. Dupré et Poiré, qui furent ses pères dans le sacerdoce ; Mgr Dupanloup, qui forma en lui le professeur et l'éducateur, et dont il a pris pour devise la parole fameuse : « *Soyez pères ; ce n'est pas assez, soyez mères.* »

« On m'appelle « *Maman Renaudin* », ajoute-t-il ; eh bien ! j'accepte ce titre-là et le veux mériter plus encore. » Au nom de Mgr Dupanloup il doit joindre dans sa reconnaissance celui de Mgr Coullié, et s'il lui est permis de prononcer un vœu, c'est que Dieu prolonge assez sa vie pour qu'il puisse voir les noces d'or de Monseigneur et lui redire ce jour-là avec tous ses prêtres : *Ad multos annos !* Ce vœu accompli, il n'aurait plus à former ici-bas qu'un seul désir : celui d'avoir là-haut sa place aux noces éternelles de l'Agneau !

Monseigneur, s'inspirant d'un texte de saint Bernard, résuma tout ce qui avait déjà été dit et ce qui restait à dire dans cette journée. Il rendit un hommage bien mérité au dévoûment si paternel de M. Renaudin : *Sollicitudine patrem*, — ou plutôt *matrem*, rectifia Monseigneur en souriant, — *caritate socium, humilitate servum.*

C'était indiquer une magnifique division pour un panégyrique en trois points : la sollicitude d'un père, l'affection d'un ami, l'humilité d'un supérieur qui se fait le serviteur de tous. Cet éloge dans la bouche du premier Pasteur du diocèse, s'il alarma la modestie de celui qui en était l'objet, fut accueilli par les applaudissements répétés de l'assistance. Il ne restait plus rien à dire, Monseigneur ayant trouvé si heureusement le mot de la fin.

III

A trois heures, l'Institut ouvrait ses portes à un nombreux public composé d'anciens, d'élèves actuels et de pères de famille dont les enfants avaient été élevés au Petit-Séminaire de Sainte-Croix. Quand Monseigneur et M. le Supérieur prirent place sur l'estrade d'honneur, la salle était au grand complet.

Un chant évangélique, où M. H. Desforges mit toute son âme et tout son cœur, ouvrit la séance par un enseignement tombé jadis des lèvres du divin Maître, et merveilleusement pratiqué depuis cinquante ans par le Maître qu'on fêtait.

En ce temps-là,
Les peuples, suspendus à la parole sainte,
Accouraient sur les pas
De Jésus, dont ils baisaient l'empreinte.
Ils venaient, suppliants,
Présenter les enfants
Au Dieu, Sauveur du monde,
Afin qu'en les touchant,

Jésus passant
Les bénit à la ronde ;
Mais ses disciples repoussaient
Tous ceux qui les lui présentaient.
— « Laissez venir
A moi les petits enfants,
Dit Jésus à ces méchants ;
Le royaume de mon Père,
Ce royaume de lumière,
Leur appartient et sera
Pour qui leur ressemblera.
Laissez venir
A moi les petits enfants.
Qu'ont-ils fait, ces innocents ?
Contre vous ils n'ont pour armes
Que la prière et les larmes.
Vos cœurs sont-ils donc sans pitié ?
Oui, je le dis en vérité,
Je le dis : Laissez venir
A moi les petits enfants. »
Aux disciples confus,
Ainsi parlait Jésus,
Calme et sévère,
Et des enfants joyeux s'élançait
La cohorte légère.
Leur imposant les mains, Jésus les embrassait ;
Leur imposant les mains, Jésus les bénissait.

Au nom des tout petits, un élève de huitième, Louis Fouquet, nullement intimidé par un si nombreux et si brillant auditoire, vint donner son avis sur ce qu'il voyait depuis quelques jours, et, fort heureusement pour les organisateurs, il approuva tout.

Monseigneur,

Vos petits, vos chers petits sont bien contents ; ils sont bien fiers de pouvoir les premiers, dans cette brillante réunion, vous donner ce titre que vous avez si bien mérité.

Notre Évêque, toujours si bon pour nous, a été certes bien inspiré, — tous les petits, nous nous plaisons à le reconnaitre, — quand, dans son dernier voyage à Rome, il fit de vous un tel éloge, que Notre Saint-Père le Pape, si bon lui aussi, s'empressa de vous accorder une haute dignité et de vous nommer Prélat de sa Maison.

Nous sommes heureux de dire bien haut : « Tous les petits, nous aimions beaucoup notre Évêque, nous aimions beaucoup Notre Saint-Père le Pape, mais, depuis ce jour, nous les aimons encore bien davantage, et nous les aimerons beaucoup, notre vie tout entière. »

Monsieur le Supérieur, les petits, nous avions décidé de garder le silence aujourd'hui. Nous ne voulions paraître dans cette grande réunion que pour voir, écouter, admirer, surtout applaudir et crier souvent et de tout notre cœur.... *Vive, vive Monsieur le Supérieur !*

Nous avons, nous aurons le bonheur de vous voir, de vous entendre tous les jours, et pendant de longues années jusqu'à ce que de petits huitièmes nous soyons devenus de grands philosophes... Il nous semblait convenable de vous laisser tout entier et tout le temps à nos chers anciens, qui, eux, ne peuvent vous voir et vous entendre que rarement et qui cependant ont tant de choses à vous raconter...

« Vous n'y pensez donc pas, » s'est écrié un de nos amis, qui, comme du reste tous les petits, a beaucoup de bon sens, beaucoup d'esprit et beaucoup de cœur, — nos mères nous le disent si souvent que nous avons fini par le croire ; — vous n'y pensez donc pas ! Les petits dixièmes, les petits neuvièmes, les petits huitièmes, ne feraient pas de compliment ! Mais ce n'est pas possible ! Quelque belle, quelque brillante qu'elle soit, la fête ne serait pas complète !..... Ne craignons pas de le dire et de le dire bien haut : sans nous, sans les petits, non,

non, pas de fête véritable au Petit-Séminaire de Sainte-Croix !

« — On m'adresse de fort beaux compliments qui me font grand plaisir, dirait Monsieur le Supérieur ; mais il me manque quelque chose. Je ne vois pas mes petits ; je n'entends pas mes petits, mes chers petits. Où sont-ils donc, mes chers petits ? » — N'est-ce pas, Monsieur le Supérieur, que, pour un petit huitième, ce n'est pas mal raisonné ? N'est-ce pas qu'il connaît bien toute la tendresse qui se trouve dans votre cœur pour vos chers petits ?

Tenez, laissez-moi vous le dire : vous aimez beaucoup les anciens ; vous aimez beaucoup les grands, beaucoup les moyens ; mais les petits, vous les aimez cent fois davantage. N'est-ce pas vrai ?

Mais, je le comprends, mon compliment ne doit pas être trop long. Je vais laisser la parole à nos chers anciens, à nos pères bien-aimés, à nos vénérés grands-pères, surtout à cette classe de Rhétorique de 1849, chère entre toutes, que vous aimez tant, dont vous êtes si justement fier et qui vous est si profondément dévouée.

« — Une classe de Rhétorique de 1849, s'écria un de mes petits amis, ça doit être bien vieux, ça !..... 1849, mais ça doit être du siècle passé ! »

Évidemment, ce cher condisciple exagérait un peu : 1849, ce n'est pas, sans doute, du siècle passé ; mais, il faut en convenir, c'est loin, c'est bien loin. Car mon père n'était pas né, ma mère non plus..... et mon vénéré grand-père, qui n'est plus jeune, allait encore à l'école, où, je suis heureux de le dire, — car grand'mère me l'a souvent raconté, — il remportait tous les prix.

Je m'aperçois que je m'oublie ; mais il me semble que mon petit compliment vous fait plaisir. J'ai fini.

Monsieur le Supérieur, les anciens vont vous parler du passé ! Ils vous en diront les modestes commencements, les grands travaux, les maternelles sollicitudes, les longs dévoûments.

Les petits, nous sommes l'avenir. Pour le rendre digne d'un passé dont on dit tant de bien, nous prenons devant notre Évêque bien-aimé, le priant de la bénir, devant nos chers anciens, dont nous voulons être toujours dignes, nous prenons la résolution d'être si sages, si appliqués, surtout si obéissants, que, dans dix ans, quand nous aurons grandi, quand nous serons devenus savants, nous montrant aux chers petits qui vous entoureront, vous leur direz : « Voilà d'excellents élèves! ils font ma consolation, ils font ma gloire, car ils valent presque mes Rhétoriciens de 1849. »

Monsieur le Supérieur, une telle parole sera notre plus bel éloge : nous ferons tout pour le mériter.

Certes, ils auraient manqué à la fête, *les chers petits;* ils ont bien fait d'y paraître, et les applaudissements de leurs aînés leur ont prouvé qu'ils étaient à leur place.

Après les tout petits d'aujourd'hui, les anciens d'autrefois, ou, comme on dit familièrement au Petit-Séminaire, les *vieux anciens.* M. le docteur Arqué, dont la mémoire, servie par la reconnaissance et l'affection, avait soigneusement conservé une foule de souvenirs sur son ancien professeur, voulut bien nous en donner quelques-uns.

Monseigneur,
Monsieur le Supérieur,
Messieurs, mes chers Amis,

Il m'est bien téméraire d'élever la voix après ceux que vous avez entendus, dans vos agapes filiales et fraternelles et au début même de cette réunion.

Que vous dirais-je de plus ? Ils ont tout dit !

Qui pouvait mieux raconter les *au-delà* de cette *Cinquantaine* que le prêtre distingué et éloquent qui fut un *condisciple* ami et un vaillant *émule?* Il suivit le développement d'une carrière consacrée, comme la sienne, tout entière au bien. Pour parler du *Prêtre dévoué,* il n'avait qu'à regarder en lui-même.

Qui, mieux que l'éminent orateur dont tous les discours sont un triomphe pour l'art de bien dire, devait vous rappeler le *Maitre?* Il suffisait au Rhétoricien de 1849 de se lever, pour faire reconnaître l'arbre... à ses fruits.

Et quel délicieux bouquet de fête l'un de nos plus charmants *Minimes* vient d'offrir au *Supérieur* et au *Père!* Nous y sentions tous la touche délicate d'une attentive Égérie, habituée de longue main à diriger l'enfance.

Encore une fois, tout est dit.

Je devrais suivre le conseil prudent que Virgile adressait aux médecins de son temps, d'exercer, en silence, leur profession :

Mutas agitare inglorius artes.

Qu'il est peu compris, de nos jours, le poète latin! Et je suis les mêmes errements! Je ne puis me résigner à me taire aujourd'hui!

Un second rhétoricien de 1849, — vous en entendrez un autre encore, mon cher petit condisciple de huitième de 1890, — cède à votre appel, à l'appel de vos professeurs, à l'appel surtout de son cœur reconnaissant.

Vous demandez à l'un des *premiers-nés* de la famille, qui passe insensiblement à l'état *d'ancêtre,* quelques-uns de ses souvenirs d'antan, quelques détails plus particuliers, de petites confidences... Soit !... nous sommes dans l'intimité. C'est une revue de cette *cinquantaine* de notre *ancien* et *toujours jeune Maitre* que nous commençons et poursuivrons ensemble. Je vous parlerai du *Professeur.* Vous nous présenterez *M. le Supérieur.*

Je remonte aux débuts.

I

Dans cette rue des Minimes, — rue d'Illiers maintenant, — que vous connaissez si bien et que vous aimez tant, à juste raison, vos parents et vous, au coin de la rue du Grenier-à-Sel, naissait, dans une famille modeste, laborieuse et chrétienne, Léon Renaudin, le 25 juin 1816.

L'enfant, en grandissant, se fit remarquer par son activité, son intelligence et surtout sa piété ; il rêvait pourtant alors épaulettes et combats. C'était déjà *un vaillant.* Vous me permettrez encore aujourd'hui cette expression, vous, Messieurs qui portez l'épée et qui l'avez vu à l'œuvre. N'est-ce pas l'un de vous d'ailleurs qui a si bien parlé de l'héroïsme en soutane ?

Ses premiers maîtres dirigèrent vers un autre but... sa vaillance. Il fut présenté par le vénéré Frère Euloge au bon abbé Bombrault, qui avait le *flair* pour distinguer les hommes, le *tact* pour les préparer aux études littéraires ou cléricales. Le diocèse d'Orléans lui doit nombre de prêtres vertueux et de professeurs d'élite : les Jacquet, les Darde, les Tranchau, les Aubert, les Brugère et tant d'autres. Léon Renaudin fut de ceux-là. Études primaires, études littéraires, le virent au premier rang. L'élève passa maître sans transition. Il était professeur de cinquième dès 1839, un an avant son sacerdoce.

Tous ceux qui le connurent l'apprécièrent. — « Je me rappelle avec plaisir, m'écrivait ces jours-ci M. l'abbé Sutin, un mot de M. Dupré, le premier Supérieur du Séminaire qui accueillit, avec sa bienveillance habituelle, le petit élève devenu aujourd'hui Prélat Romain. Il me disait un jour : « Renaudin ! mais c'est prêtre, prêtre, depuis les pieds jusqu'à la tête. » — « C'est vrai, quel bien il a fait ! quel bien il fera à la chère ville d'Orléans ! » ajoutait l'excellent M. Sutin, qui, lui aussi, a fait tant de bien à *vos aînés.*

Bientôt après, le jeune professeur était chargé de la quatrième, puis de la troisième. — Entre deux leçons, il avait cueilli les palmes de Bachelier, presque inconnues jusqu'alors dans notre clergé orléanais. Heureux succès! Il enlevait, sans doute, au récipiendaire les chances administratives du secrétariat de l'Évêché, où l'appelaient ses aptitudes et la confiance de M. l'abbé Richard, secrétaire général, où devait s'illustrer son émule, Mgr Rabotin, mais nous le réservait du moins exclusivement pour l'éducation. Heureux baccalauréat!

C'est en troisième que je rencontrai M. Renaudin, en 1846. 1846! C'est encore de ce siècle, mon cher petit huitième, mais ce ne l'est presque plus qu'à demi.

Travail en commun, explications spéciales, recherches à deux, donnent l'occasion de se mieux connaître et de se mieux comprendre, et, par une pente nécessaire, de s'estimer davantage et de s'aimer bientôt.

Quelle nature serait assez rebelle pour résister à ce dévouement incessant, à ce *don de soi*, de tous les jours et de toutes les heures: études et classes, exercices religieux, promenades et récréations, repas partagés, sommeil même qu'abrite une égale vigilance!

Quand on a senti une fois le charme de cette vie de famille, dans un collège chrétien, dans la suave atmosphère du séminaire, on est pris. Le paresseux travaille, le tiède s'enflamme, l'indécis s'affermit; plus besoin d'admonitions ou de reproches; les pensums deviennent inconnus; un mot suffit pour relever, un de ces mots qui vous suivent toute la vie: « *J'espérais encore mieux!* » — « *Je comptais sur vous!* » — « *Comme le chasseur, visons plus haut.* » Et l'enfant marche, et l'enfant monte, et les condisciples marchent et montent avec lui; la maison entière, maîtres et élèves, grandit dans de communs efforts: chacun *vise plus haut.*

Une histoire, mes chers petits amis. Il y a près de cinquante ans, *grande ævi spatium!* en 1846, un élève paresseux, décourageant pour ses maîtres, découragé par eux, se traînait de classe en classe sur les gradins du collège royal d'Orléans, passant son pupitre, ses cahiers ou ses livres, — suivant l'expression pittoresque et plus récente de Mgr Dupanloup, — de la huitième à la septième, de la sixième à la cinquième, de la quatrième à la troisième, copiant ses devoirs, balbutiant des leçons soufflées par les voisins, bâclant pensums sur pensums, entassant retenues sur retenues... lorsque la Providence, sous les traits d'une mère éclairée et attentive, lui ménagea la rencontre d'un jeune prêtre, professeur distingué déjà, qui vint lui ouvrir des horizons inconnus jusqu'alors, lui faire toucher du doigt des vérités incomprises... Cette entrevue fut pour lui le salut.

Par un coup d'état autoritaire, la mère, rompant brusquement avec le passé, en pleine année scolaire, enleva son fils aux douceurs du foyer maternel et le confia à un internat sérieux, mais exempt de rigueurs.

Ce ne fut pas sans récriminations et sans larmes, mes chers amis, que l'élève partit ; mais les encouragements amicaux du maître qui l'avait charmé, ses conseils, ses leçons, ses exemples surtout, lui donnèrent confiance en lui-même. Il comprit qu'il pouvait, lui aussi, ce que pouvaient ceux-ci et ceux-là. Il travailla, et montant de degrés en degrés, il put mettre aux pieds de sa mère les couronnes reçues des mains de professeurs aimés, puis, toujours guidé par eux, poursuivre une carrière utile et honorable et que ses concitoyens ont faite honorée. Le mauvais élève avait été sauvé.

Cette histoire, mes chers petits amis, est une histoire vraie : c'est la mienne... peut-être ; c'est peut-être... la vôtre ! Vous et moi, nous avons rencontré le même sauveur : M. Renaudin. Nous nous sommes réchauffés au même esprit et au même cœur. Nous pouvons donc *tous* emprunter au poète l'expression de notre reconnaissance :

Si quid boni, laus vobis tribuatur et honos !

Un autre poète a donné la traduction pour nos petits amis du cours préparatoire, qui sauront la transmettre à leurs professeurs :

C'est par eux que je vaux, si je vaux quelque chose !

II

A nos débuts, — je ne remonte pas aux temps préhistoriques, mes chers petits amis, en 1846 seulement, — le cadre répondait peu au tableau que nous venons de tracer de la maison d'éducation chrétienne.

Nous l'avons déjà dit dans une autre enceinte : « Nous occupions encore les masures incohérentes, les sols inégaux des cours des *moyen* et *petit* séminaires d'Orléans. Et tout à coup nous fûmes transportés dans un site incomparable. Là, à l'abri de la croix, s'élevait un palais de l'éducation frais, harmonieux, plein d'air et de lumière. Nous y retrouvions nos anciens condisciples, de nouvelles recrues et la plupart de nos maîtres, que nous savions être, ainsi que leurs nouveaux collègues, l'élite des prêtres du diocèse. »

Mgr Fayet inspirait et encourageait nos éducateurs. « *Son petit Professeur de troisième,* qui n'osait pas donner la dernière retouche demandée à une circulaire du Prélat, — l'un des grands écrivains d'alors, — serait sans doute plus hardi en rhétorique. » Aussi celui-ci, par une aimable surprise, — il s'en faisait déjà à cette époque, et nos Évêques en ont gardé la tradition, — celui-ci trouvait-il, en s'asseyant à la table de l'Évêque, sa double nomination de Professeur de littérature et de Chanoine honoraire. C'était encore en 1846. M. Renaudin enseignait depuis sept ans ; mais les années de professorat comptent doubles, — comme les campagnes, — pensait le Fondateur du Séminaire de la Chapelle. Nous sommes donc en retard d'un demi-siècle, mes chers amis, quand nous parlons de *Cinquantaine;* c'est le *Centenaire* du Maitre que nous devrions fêter aujourd'hui.

Dans ce milieu, la vie prit une puissante activité : tout progressa. Quand Mgr Dupanloup arriva, il n'eut qu'à continuer l'œuvre de son prédécesseur. On sentit bientôt la main puissante du grand Éducateur. « C'est de lui que j'ai appris ce que devait être le Maitre, » m'a souvent répété M. Renaudin. C'est de lui aussi que nous apprîmes, à un plus haut degré, ce que devaient être les disciples.

Nous n'offrions pas encore sans doute, aux applaudissements des Académiciens, les chefs-d'œuvre de Sophocle et d'Eschyle; nous nous contentions, — en 1849, — dans la première pièce représentée à La Chapelle, dont nous étions à la fois les auteurs et les interprètes, nous nous contentions de faire appel aux orateurs de Rome et d'Athènes pour célébrer le *Maitre*. Diogène, lui-même, disait adieu à sa lanterne.

... Puisqu'en ce jour, un homme j'ai trouvé!

Nous trouvions, nous, le professeur, l'ami, partout : au travail, à la chapelle, aux récréations, aux promenades. Le grand intendant des jeux, le premier aux barres, c'était lui! Le de Candolle, le de Jussieu des jardins du Séminaire, c'était lui! Notre plus brillant ténor, c'était lui!

Des chants de mai, de ces chants que j'adore,
De ces concerts si pieux et si doux,
De ces accents mon cœur palpite encore ;
Amis, amis, vous en souvenez-vous?...

Et cette délicieuse prière à deux :

Si dans les pleurs ma faible voix t'implore...

Nous y retrouvions sa voix et celle de M. Guiot unies

aux accords de M. Léon Godefroy. Ces derniers entendent aujourd'hui les harmonies célestes : mais, comme tant d'autres de nos chers *absents*, je les veux croire encore tout près de nous... en ce moment.

Au dessin même, avec les Guiot et les Dumontel, encore lui ! Nos artistes regardaient avec envie son chef-d'œuvre : *le Sacrifice d'Abraham*. Ses crayons ont été délaissés depuis longtemps, mais que de retouches n'a-t-il pas faites, en secret, chaque année, à son sujet ! Isaac n'est plus maintenant la victime : c'est Abraham qui s'offre, le plus souvent, en sacrifice.

Dans des travaux ainsi partagés, tous s'élevaient ; les études, de plus en plus fortes, amenaient de plus brillants succès, et le nom de La Chapelle, sous le souffle de Mgr Dupanloup, traversait les mers, les Alpes et les Pyrénées. Ses collaborateurs, nous les avons connus ; nous les avons aimés ; je n'en cite aucun ; il faudrait les nommer tous.

Notre Évêque choisit bientôt l'un d'eux pour reprendre et fonder réellement une œuvre nouvelle, une *pépinière* pour ses Séminaires, au cœur même d'Orléans : ce fut l'ancien professeur de rhétorique, l'ancien préfet de religion : M. Renaudin.

Depuis trente-cinq ans, vous connaissez *M. le Supérieur ;* je ne vous le présente pas. Depuis trente-cinq ans, il nous rappelle Lhomond, dans ses discours et dans ses actes ; vous nous le direz. Je veux seulement vous confier un de ses désirs intimes : *Hoc erat in votis !..* Il avait rêvé, pour exercer son zèle, une maison, une toute petite maison, où il se donnerait à l'enfance, en père... et mère de famille. Il a été exaucé... bien au-delà de ses espérances.

Tel nous l'avons connu en 1846, tel il est en 1890 : *Tout à tous ;* incorrigible pour le bien... afin de nous mieux corriger *jeunes et vieux.*

On vous dira ce qu'était alors la Maîtrise de l'Évêché, ce qu'elle devint sous l'impulsion de M. Renaudin, les débuts du Petit-Séminaire de Sainte-Croix, son expansion, ses accroissements successifs, son épanouissement... merveilleux pour tous, nous exceptés; nous savions, par avance, sa valeur et sa foi inébranlable en son œuvre, « Dieu et la Sainte-Vierge aidant! *A Deo factum est istud.* » On le lui rappelait tantôt. Vous lui avez souvent entendu répéter : « *Salve, Regina! Salve, Mater!* » C'était la prière de M. le Supérieur; ce sera la devise du Prélat.

Rien de surprenant donc que la confiance des parents ait répondu à son dévoûment, l'affection des enfants à sa constante affection. L'amour appelle l'amour.

Mgr Dupanloup, qui l'avait laissé libre de commencer et d'agir, suivant sa propre inspiration, applaudissait aux résultats obtenus et le nommait *chanoine titulaire* en 1858.

Et quand, Monseigneur, Votre Grandeur lui a dit et répété : « Restez! restez! » colonne angulaire, il a soutenu et soutiendra l'édifice élevé par lui, longtemps, bien longtemps après les *noces d'argent* du Supérieur. Il semble défier les années, en se retrempant dans la jeunesse. Le cœur, toujours le même, garde intactes des forces renaissantes et un esprit toujours vert, dans ce poste de dévoûment... à vie!

Notre cher Maître seul, Monseigneur, a pu s'étonner que Votre Grandeur ait demandé au Souverain-Pontife Léon XIII de récompenser, par les insignes de la prélature, toute une *cinquantaine* consacrée à l'Église et à l'éducation. La délicate attention qui lui en a ménagé la surprise, à votre retour de Rome, en a doublé le prix. Cet honneur, inattendu par lui, a troublé et fait trembler sa modestie. « Vous récompensez l'œuvre et non l'ouvrier, » veut-il croire! « C'est le Petit-Séminaire de Sainte-Croix *tout entier* que vous couronnez en sa personne. » Suivant lui, « vous décorez le drapeau! »

Au nom de ses plus *anciens* et de ses plus *jeunes élèves,* au nom de ses amis, au nom des pères et mères de famille, Monseigneur, merci!

III

Un des *aînés de La Chapelle* réserve son dernier mot à ses *jeunes frères*, les *aînés de Sainte-Croix*.

Je ne m'étonne pas, pour mon compte, de vous voir, *Anciens de Sainte-Croix,* désireux de conserver la physionomie qui personnifiera longtemps votre chère Maison d'éducation, demander à un sculpteur habile de la reproduire, et à un fondeur d'élite de la couler en bronze. Pour vous, pour nous, pour Orléans, le Séminaire de Sainte-Croix, c'est *lui,* c'est M. Renaudin.

Gardez-la toujours, mes chers amis, cette image, comme le Palladium de votre institution.

Gardez-les surtout, cette image et cette physionomie, empreintes dans vos cœurs.

Il est une reproduction plus fidèle et plus durable que le bronze, *ære perennius,* que votre Supérieur envie, qu'il cherche, chaque jour, en vous et par vous, c'est celle de son âme dans votre âme. Il veut que vous sortiez d'ici fortement trempés pour les luttes de la vie, avec la marque de la maison. Cette marque, il veut qu'on la reconnaisse longtemps, toujours, partout.

En ces temps troublés de faiblesses intellectuelles et de déchéances morales, où l'on ne semble suivre que des appétits, il veut qu'on distingue ses enfants; il veut qu'on les trouve planant loin, bien loin, au-dessus des banalités et des défaillances, parmi les vaillants et parmi les forts; au premier rang au service de la France, au premier rang au service de l'Église...

Il veut dans *cinquante ans,* et dans cinquante ans encore, qu'avec honneur on salue, au passage, *les fils de Sainte-Croix.*

Il veut que les enfants de leurs enfants gardent la même

empreinte et soient, un jour, comme eux, de *première marque*.

C'est votre désir, *Monseigneur* et cher Maître! ce sera votre couronne!

M. A. Callier chanta alors la romance suivante, en soulignant de la voix, du sourire et du geste, le refrain, qui fut très vivement applaudi :

Vous parlez toujours de votre âge,
Comme si vous aviez cent ans.
Grand-père, vous n'êtes pas sage;
Nous protestons et je prétends,
A voir votre malin sourire,
Votre bouche et surtout vos yeux,
Que tout le monde y peut lire :
Grand-père, vous n'êtes pas vieux.

Car enfin, raisonnons ensemble :
A quoi connaît-on un vieillard ?
Son esprit baisse, sa main tremble ;
Il est de trente ans en retard ;
Sans cesse il gourmande, il sermonne ;
Il est triste et sentencieux ;
Il n'est écouté de personne.....
Grand-père, vous n'êtes pas vieux.

D'ailleurs votre acte de baptême
Est depuis longtemps périmé.
On reste jeune tant qu'on aime ;
Puis on rajeunit d'être aimé.
Grand-père, vous aimez encore,
Nous le savons à qui mieux mieux ;
Et vous savez qu'on vous adore.....
Grand père, vous n'êtes pas vieux.

M. Rabelleau vint ensuite esquisser l'histoire des origines du Petit-Séminaire de Sainte-Croix, à l'évêché.

Monseigneur,
Messieurs et anciens Condisciples,

Les souvenirs demeurent souvent ce qu'il y a de meilleur dans la vie et le

Forsan et hæc olim meminisse juvabit

du poète romain vivra aussi longtemps que vivront, au milieu de nous, le culte et la religion du passé.

Peut-être, jadis, avons-nous été, plus ou moins, des écoliers indisciplinés, étourdis, paresseux même ; nous ne serons ni des oublieux, ni des ingrats. Le passé, nous l'évoquons aujourd'hui ; à tous, professeurs et élèves, jeunes gens encore, hommes parvenus à la maturité ou descendant déjà les pentes de la vieillesse, il apparaît avec cette auréole radieuse et ce charme suprême, indéfinissable et quasi-sacré, des choses qui rappellent l'enfance et la jeunesse.

Jetés à tous les vents du ciel, au milieu des carrières les plus diverses, et, pour plusieurs, prématurément brisées, les élèves du Petit-Séminaire de Sainte-Croix, en dépit des années qui s'accumulent, aiment à revivre dans le lointain des âges.

Remontons, si vous le voulez bien, à l'année 1846. Au mois d'octobre, le Petit-Séminaire d'Orléans était transféré à La Chapelle-Saint-Mesmin ; construit par Mgr Fayet, on le surnomma justement plus tard *le magnifique palais de l'Éducation*. Vous savez à quelles mains si dignes de le diriger il est aujourd'hui confié.

Bon nombre des plus honorables familles orléanaises avaient pour tradition de faire élever leurs enfants au Petit-Séminaire, alors même que, devenus jeunes gens, ils ne se destinaient pas à l'état ecclésiastique.

La création du Petit-Séminaire de La Chapelle, situé à

cinq kilomètres d'Orléans, offrait d'immenses avantages ; elle ne présentait qu'un inconvénient : l'éloignement. Il contristait les écoliers, il désolait surtout les mères. Quelques familles en prirent bravement leur parti ; d'autres ne purent ou ne voulurent s'y résigner.

De là, difficultés et lacune menaçante dans l'éducation religieuse de la génération d'enfants qui s'élevait.

Sur ces entrefaites, Mgr Dupanloup fut appelé au siège épiscopal d'Orléans. Son premier amour, comme c'en a été le dernier, était l'éducation de la jeunesse ; l'ancien supérieur du Petit-Séminaire de Saint-Nicolas vit le danger, il le comprit ; et pour lui, le comprendre, c'était le combattre et le vaincre. Évêque, il l'était véritablement, et selon l'étymologie du mot grec, rien de ce qui intéressait son diocèse ne pouvait échapper à ce vigilant inspecteur.

A l'ombre de sa cathédrale, sous son regard, et, pour ainsi dire, sous son aile, il fonda, se rendant à des vœux bien légitimes, le Petit-Séminaire de Sainte-Croix.

L'établissement, — c'est la date de notre naissance, Messieurs, — en fut autorisé par décret gouvernemental du 18 août 1851. Les dépendances de son Évêché, Mgr Dupanloup n'en avait que faire... à quoi bon une basse-cour, des greniers à foin et une écurie ? L'évêque d'Orléans allait à pied ou se faisait véhiculer dans cet équipage, légendaire à Orléans, dont l'automédon et le coursier ont conquis la célébrité.

La basse-cour et le grenier à foin furent convertis en dortoirs. C'était monter en grade ; les écuries devinrent une jolie et pieuse chapelle ; on installa un peu partout les classes et la salle d'étude... L'antique carrosse, — nous le voyons d'ici, — fut relégué au bûcher.

Cette maison, bien humble à son origine, se composa d'abord des enfants qui formaient la maîtrise de la cathédrale ; elle est aujourd'hui revenue à sa destination.

De toutes parts bientôt les élèves affluèrent, dans la mesure toutefois où le nouveau Séminaire pouvait les abriter.

La direction de cette maison fut confiée par Mgr Dupanloup à l'un de ses compatriotes, M. l'abbé Thiévenaz, déjà directeur de la Maitrise. Il en fut le premier supérieur et la gouverna pendant six ans.

Ces temps reculés, personnellement je ne les ai pas connus, n'ayant passé au Petit-Séminaire de l'Évêché que l'année 1859 à 1860, qui devait être sa dernière. Mais, je sais que les classes élémentaires, et il en fut ainsi jusqu'à la fin, y étaient seules installées. Les élèves de cinquième étaient les grands, les philosophes du Petit-Séminaire.

Les aînés n'ont pas oublié les noms de leurs anciens maîtres : MM. Girard, Demuillière, Mercier, Bozon, Abel Martin, Tissier, Quinton, Servoz. Ceux de mon temps ont connu MM. Caron, Théophile Roger, Vidal et Montaut. Il est un autre Théophile, des premiers temps celui-là, que l'on retrouve quarante ans plus tard, respecté, estimé et aimé des jeunes rhétoriciens actuels, dont il dirige avec une magistrale autorité et une profonde érudition *les colles littéraires*.

Des élèves de ce temps je ne dirai rien. Combien, hélas ! ne sont plus ! Nous ne les oublierons pas aujourd'hui. Beaucoup, accourus de tous les points de la France, assistent à cette réunion ; il faudrait les citer tous, car tous sont présents, au moins par le cœur et par le souvenir, à cette fête, dont on peut dire, sans banalité, qu'elle est une fête de famille.

Au cours de l'année 1855, M. l'abbé Thiévenaz retourna en Savoie, ce pays si cher aux cœurs orléanais, emportant avec lui l'affection de ceux qui l'ont connu.

En ces jours-là, vivait sur la rive gauche de la Loire, en face de La Chapelle, non loin des ruines de Micy, un prêtre auquel avait été confiée, depuis deux ans, la cure de Saint-Hilaire-Saint-Mesmin. Il était adoré de ses paroissiens, qui, après trente-cinq ans, ne l'ont pas oublié, car il est de ceux qu'on ne peut connaître sans les aimer.

Le curé de Saint-Hilaire, plus d'une fois, traversait par

la pensée et aussi par le regard, *ripæ ulterioris amore,* le fleuve connu, *flumen notum,* qui lui rappelait ses premières années de professorat, de fidèles amitiés et d'inoubliables souvenirs.

Mgr Dupanloup cherchait un homme et un éducateur pour le placer à la tête du Petit-Séminaire de Sainte-Croix. A cette époque déjà, Messieurs, Mgr Dupanloup savait distinguer entre mille ses coadjuteurs.

Celui que nous saluons aujourd'hui du titre de Mgr Renaudin succéda à M. l'abbé Thiévenaz et devint, *ce qu'il est encore aujourd'hui, ce qu'il entend rester toujours : M. le Supérieur du Petit-Séminaire de Sainte-Croix.*

Là, il rentrait dans son élément; il se donna, du cœur que vous savez et qui est le même en 1890 qu'en 1855, à cette œuvre qui l'a fait vôtre, qui lui a permis d'élever les pères et les enfants, et qui lui permettra, — c'est déjà, m'assure-t-on, une réalité, — d'élever les petits-enfants de ses premiers élèves. Tout à l'heure, ils s'asseyaient tous, heureux et fiers, autour de la table du chef de famille, *sicut novellæ olivarum in circuitu mensæ tuæ.*

Mgr Dupanloup avait, à Saint-Nicolas, posé ce principe : « *Ce n'est pas assez d'être pères,* disait-il à ses professeurs, soyez plus pour les enfants confiés à vos soins: *soyez mères !* »

Vous le savez, Messieurs; celui qui, plus que personne, a réalisé ce vœu vous le rappelait, il y a un instant, et j'entends encore les acclamations dont vous avez salué la parole de M. Renaudin.

Les mères des élèves du Petit-Séminaire de Sainte-Croix sont trop aimantes; elles ont le cœur trop haut placé pour ressentir autre chose qu'une immense et profonde gratitude à l'égard du Supérieur vénéré, qui, marchant sur leurs traces et un peu sur leurs brisées, sait comme elles et avec une maternelle affection aimer, choyer leurs petits enfants, et, quand ils sont devenus jeunes gens ou hommes faits, les suivre encore à travers le voyage de la vie et ne les oublier jamais.

Vous trouverez bon, Messieurs, que je rende ici à deux anciens maîtres de ma prime jeunesse un hommage qui les associe à l'inaltérable et respectueuse reconnaissance que j'ai vouée, depuis trente ans, à M. Renaudin. M. l'abbé Théophile Roger ne m'en voudra pas, si je dis qu'il a été l'un des pivots du Petit-Séminaire de Sainte-Croix, et que ses élèves ont gardé de son enseignement douce et durable souvenance. Son nom n'est-il pas synonyme de patience, de bonté et de dévouement?

Que dirai-je de M. l'abbé Billard? Je ne crains pas, et je le regrette pour la raison que vous savez, de froisser l'humilité de ce prêtre aussi instruit que modeste, seconde mère, pourrais-je ajouter, des enfants du Petit-Séminaire. A ces enfants, l'excellent et immuable économe a, comme M. Renaudin, consacré son existence. Il a été de notre Supérieur, avec M. l'abbé Théophile Roger, un collaborateur de la première heure. Ces Messieurs ont été les amis de M. le Supérieur; avec lui, ils ont fait son œuvre, je leur devais ce témoignage. J'estime qu'il est de ceux qui honorent une existence sacerdotale. Ils ont été à la peine; c'est justice, Messieurs, qu'ils soient à l'honneur!

Un mot encore sur le Petit-Séminaire. La maison se développait; bientôt, deux religieuses de la Présentation, dont la communauté était alors installée porte à porte avec nous, traversèrent la rue du Bourdon-Blanc et vinrent nous consacrer leurs journées. L'une avait pour département l'infirmerie et la lingerie : c'était sœur Rosalie; l'autre avait la cuisine : c'était sœur Brigitte. Sœur Brigitte fut, pendant trente ans, notre cordon bleu, trente ans notre mère nourricière, trente ans une religieuse admirable de bonté, de simplicité; toujours gaie, toujours souriante, toujours prête à gâter ses enfants. Quiconque est Ancien de Sainte-Croix conservera de sœur Brigitte un souvenir affectueux et reconnaissant.

Pendant les cinq années que M. Renaudin passa à la

Maîtrise, appelée aussi Séminaire de l'Évêché, la vie y fut calme et tranquille. Il y avait quatre-vingts élèves, tant pensionnaires que demi-pensionnaires et externes. Les élèves suivaient les catéchismes de l'Officialité, dirigés par M. l'abbé Nollin, et assistaient, le dimanche, rangés dans le sanctuaire, aux offices de la cathédrale.

La première communion était celle de la paroisse; les jours de congé d'été, — *ab ortu solis usque ad occasum*, — se passaient à la maison de campagne de Saint-Joseph, route de Saint-Cyr, à Saint-Jean-le-Blanc. Que de belles parties rappelle cette campagne, et que de lointains souvenirs! Les mercredis d'hiver, les environs d'Orléans voyaient apparaître notre petite et joyeuse cohorte. Saint-Jean-de-Braye, Combleux, Chécy, Saint-Denis et Saint-Cyr-en-Val, Olivet, Ingré, Chanteau, etc., les quatre points cardinaux; forêt et plaines, Beauce, Sologne et Val, étaient parcourus sous la conduite de nos maîtres, qui, pour nous, ce jour-là, plus que jamais, devenaient des amis.

Nos récréations d'été, grâce à l'hospitalité octroyée par Mgr Dupanloup, se prenaient souvent sous les ombrages de l'allée de tilleuls du jardin épiscopal. Ce jardin lui-même touchait à l'ancien et moyen Séminaire, et, par sa situation, était encore un trait d'union entre le passé et le présent.

Notre chère maison du Petit-Séminaire de l'Évêché faisait le bien sans bruit ; comme les peuples heureux, elle n'avait pas d'histoire.

M. Renaudin en était l'âme ; il s'identifiait avec elle; entre ses mains, sous sa paternelle et habile direction, le Petit-Séminaire d'Orléans prit un essor nouveau. Un jour vint où la maison de l'Évêché se trouva insuffisante. Messieurs, ne nous en plaignons pas, mais répétons aux élèves de 1890 la maxime de Tacite : elle est à la fois un mot d'ordre et une leçon : « *Et majores vestros et posteros cogitate!* » Songez à vos Anciens ; vous n'avez pas à en rougir ni à les renier. Songez aussi à vos successeurs, à la génération d'enfants et de jeunes gens qui, sous le même œil paternel, *ad multos et plurimos annos*, grandit et s'élève aujourd'hui.

Elle ne sera pas la « *progenies vitiosior* », dont parle Horace. Que la science et la vertu, mes chers amis, soient toujours et partout votre devise, comme elle fut celle de vos devanciers.

Cette devise, elle nous fut inspirée par Mgr Renaudin; elle était la sienne; elle fut la nôtre. Elle est, elle sera toujours la vôtre.

C'est ce Supérieur, entre tous vénéré et aimé, que je salue en terminant; c'est lui qui, tout petits encore (je me reprocherais d'ajouter un mot, car l'histoire va vous en être racontée), c'est lui, dis-je, qui, à la rentrée d'octobre 1860, nous transféra aux Minimes (1).

(1) Le surlendemain, M. Rabelleau recevait de Mgr Godefroy, curé doyen de Montargis, une lettre à laquelle on nous saura gré d'emprunter le passage suivant :

« Mon cher ami,

« Permettez-moi de compléter les détails si intéressants que vous avez donnés hier sur les origines du Petit-Séminaire de Sainte-Croix.

« Pendant les vacances qui ont précédé son ouverture, Mgr Dupanloup, voulant un noyau solide, eut la pensée de demander aux Frères d'Orléans les trente premiers de leurs écoles, ayant fait par conséquent de bonnes études françaises et assez jeunes encore pour être mis au latin, et donnant quelques espérances de sacerdoce. A ces trente enfants, il fallait un maître. J'étais diacre, en vacances chez mon frère, alors vicaire de la cathédrale. On me demanda de réunir ces trente enfants, de les faire composer, de les ranger par ordre de mérite et de garder les quinze premiers. Je les mis à l'œuvre, corrigeai de mon mieux leurs compositions et donnai les places Monseigneur lui-même revit mon travail, l'approuva, et le lendemain je commençais *Rosa, Rosæ*, non pas à quinze, mais à seize. En effet, j'eus la hardiesse de dire à Mgr Dupanloup que je ne prétendais pas faire le sacrifice de mes vacances sans rémunération... « — Et laquelle « demandez-vous? » me dit l'Évêque plus qu'étonné. — « Monsei-

Ce qu'étaient les Minimes et comment s'en fit l'acquisition, un élève de seconde, R. Baguenault de Puchesse, se chargea de nous l'apprendre.

MONSEIGNEUR,

On vient de nous dire que notre chère Maison n'a pas toujours été rue d'Illiers; et si elle s'appelle par une juste tradition le Petit-Séminaire de Sainte-Croix, on n'a pas tort non plus de la nommer quelquefois *les Minimes*. D'où vient donc son origine, et à qui avons-nous succédé dans ces bâtiments à l'aspect claustral, dans ces cours entourées de curieuses galeries de pierre, qui nous étonnent quand nous y pénétrons pour la première fois ?

Il est bien vrai que nous sommes ici dans un couvent, couvent peu austère, où on ne marche pas pieds nus, où on ne reçoit point la discipline même quand on l'a méritée, où on ne se nourrit pas uniquement de pain et d'eau, et dont la vie n'est pas cloîtrée dans la dernière rigueur. Nous succédons pourtant à des religieux; et la vue même des lieux fait songer à ces moines du moyen âge, plongés dans la prière, usant leurs yeux à copier des

« gneur, le seizième! Je serais au comble de la joie s'il était « prêtre. — « Accordé, mon ami! » me dit-il en m'embrassant, « et faites vite. » Ce seizième fut le bon abbé Mariau qui mourut prêtre entre mes bras, au Petit-Séminaire de La Chapelle, directeur de la 3e division.

« En sept semaines, mes seize petits latinistes, — parmi lesquels MM. Castera, Argant, et Eugène Saget, mort vicaire de Saint-Paterne, — étaient devenus assez forts pour entrer en septième, sinon en sixième. C'étaient les pierres fondamentales de cet édifice dont nous avons admiré hier les vastes proportions. »

INTÉRIEUR DE LA COUR D'HONNEUR

manuscrits et ayant conservé au monde les arts, les sciences et les lettres, dont les générations barbares d'alors se souciaient bien médiocrement.

Cependant, l'établissement, à Orléans, des religieux qui nous ont laissé leur nom, ne remonte pas bien loin dans l'histoire.

C'est après les troubles du protestantisme, dont notre ville avait particulièrement souffert, au moment de cette brillante réaction catholique, œuvre du concile de Trente, qui inspira les plus grands génies littéraires du XVIIe siècle, Corneille et Bossuet, Pascal et Racine, Fénelon et Bourdaloue, que les Minimes, de l'ordre de Saint-François-de-Paule, vinrent s'installer dans un champ qui n'avait d'autre emploi que de servir de lieu d'exercice aux archers et aux arbalétriers, et qui était situé alors à l'extrémité de la cité.

Ils étaient appelés et protégés par les principaux personnages du temps, dont les noms historiques ont mérité d'être conservés : le maréchal de la Châtre, M. de la Saussaye, doyen de l'église d'Orléans; l'évêque Gabriel de l'Aubépine, Pierre Fougeu d'Escures, maire de la ville, l'ami de Henri IV, François de Beauharnois, commissaire du roi; le docteur Jérôme Lhuillier, régent de l'Université. Après d'assez longues formalités, ils ne purent poser la première pierre de leurs constructions que le 31 mai 1615. Ils commencèrent naturellement par la chapelle.

Ils inscrivirent sur la façade leur devise, qui subsiste encore, CHARITAS, et firent faire une belle porte en bois, avec une frise ornée de rinceaux et un fronton cintré. Et au milieu de tant de ruines amoncelées, ces précieux souvenirs se sont conservés jusqu'à nos jours.

Que n'avons-nous pu garder aussi ce joli clocher quadrangulaire, se profilant en flèche et terminé par un coq symbolique, qui, avec ses trois cloches retentissantes, nous appelleraient aujourd'hui à nos récréations, à nos

classes, à nos réunions religieuses, comme elles appelaient autrefois les moines à leurs exercices réguliers et à leurs offices !

Nous avons même une supériorité sur ces Minimes, c'est que le chant leur était interdit par la règle et qu'ils ne pouvaient que psalmodier, ce qui semblait bien monotone aux étrangers qui venaient assister à leurs offices; tandis que nos parents admirent volontiers nos cantiques et nos chants avec une indulgence sans doute toute paternelle.

La chapelle, plus grande qu'elle n'est demeurée, était un sanctuaire béni, où les plus notables personnages de la ville demandaient à être « *ensépulturés.* » Les familles orléanaises fournissaient au cloître des religieux, de même qu'aujourd'hui nous retrouvons, comme professeurs et comme prêtres, plus d'un élève qui s'est assis avec nous sur les bancs.

Quand vint la Révolution, le couvent des Minimes, ses belles salles, ses jardins plantés de grands arbres, ses cloîtres silencieux servirent de lieu de réunion à des assemblées politiques et furent témoins de disputes auprès desquelles nos grandes querelles d'écoliers ne sont qu'un jeu. Les religieux furent chassés et dépossédés; la ville ne put même pas garder la propriété des bâtiments construits sur un terrain qui lui appartenait, et qu'elle avait donné aux moines. Tout fut vendu à l'encan, et un marchand avide s'en rendit acquéreur au prix dérisoire de 43,000 livres.

Impius hæc tam culta novalia miles habebit !
Barbarus has segetes ! . . . .

Comment ces bâtiments, en partie démolis et abandonnés, ont-ils été rendus à leur destination presque originaire ?

C'était en 1860. Après avoir passé par plusieurs mains et

donné quelque temps asile à un établissement d'instruction secondaire, la maison des Minimes était de nouveau mise en adjudication publique.

Deux concurrents se la disputaient sans le savoir : mais, quand ils vinrent à se connaître, ils découvrirent avec étonnement qu'ils étaient des camarades d'enfance, tous deux ayant dévoué leur vie aux bonnes œuvres, l'un père de famille, l'autre prêtre, restés fort intimes, d'ailleurs, en dépit de leurs vocations diverses et se tutoyant, comme au bon vieux temps.

Le premier, aujourd'hui pieux pèlerin de Jérusalem, ambitionnait l'immeuble pour la société de Saint-Joseph, dont on va bientôt aussi célébrer, à Orléans, la cinquantaine. Le second, n'ayant plus à l'Évêché la place suffisante pour le nombre croissant de ses élèves, n'était autre que M. le Supérieur.

Entre eux, la lutte ne pouvait être de longue durée. C'est M. des Francs qui désarma spontanément : « Tu sais, Renaudin, dit-il à son ami, j'ai demandé au bon Dieu que la Maison soit à celui de nous deux qui y fera le plus de bien. » Et en même temps, il offrait, afin de faciliter l'acquisition, un prêt de 30,000 fr. qu'il s'était ménagé dans ce but pour lui-même. Le désintéressement du bon abbé Bruno de Laage aida encore à l'œuvre commune.

C'est ainsi que le Petit-Séminaire de Sainte-Croix s'installait aux Minimes à la rentrée de 1860, il y a trente ans.

Puisse-t-il y demeurer longtemps encore sous la bien-aimée direction de celui dont on peut dire vraiment que c'est le bon Dieu qui l'a mis là !

M. l'abbé Guillon, vicaire de Saint-Jacques-du-Haut-Pas, se fit ensuite l'historien ému de la Première des Premières Communions.

C'était en 1861 : l'époque de la première communion

approchait. Dans toute maison d'éducation chrétienne, c'est l'événement important de l'année : c'est un jour de fête pour tout le monde. Mais où la faire? Pour toute chapelle, on ne possédait alors que celle que vous connaissez tous, sous le nom de chapelle du Bon-Pasteur, vaste salle carrée, surmontée d'une étroite tribune, et déjà à peine suffisante pour contenir les élèves de la Maison. Mais, les parents, les invités... où trouver place pour eux? Réserver la chapelle aux enfants seuls de la première communion et à leurs parents, aller demander l'hospitalité à une paroisse voisine, étaient autant d'hypothèses qui ne satisfaisaient personne.

Il y avait bien, longeant la cour de récréation, l'ancienne chapelle du monastère des Minimes; mais quelle chapelle! pouvait-on même lui donner ce nom! J'en appelle au souvenir de ceux qui l'ont vue alors : quatre murs délabrés, une voûte aux caissons vermoulus et dont les boiseries menaçaient ruine, des fenêtres sans verrières, pas même de dalles sur le sol, à peine de distance en distance quelques briques écornées.

Cette chapelle abandonnée avait servi, à l'époque de la Révolution, de lieu de réunions publiques, de salle de spectacle (des restes de décors en attestaient l'usage profane), de halle, de bourse de commerce, et, depuis que le Séminaire occupait les bâtiments des Minimes, que de fois nous y étions venus, les jours de pluie, y prendre nos ébats!

Faire la première communion dans un tel lieu aurait paru impossible à tout autre qu'à M. le Supérieur. Rendre cette chapelle à sa première destination était pourtant son rêve. Et quel jour pouvait-il mieux choisir que celui d'une première communion? Le Dieu de l'Eucharistie n'était-il pas le Dieu de la crèche de Bethléem? Dans sa foi modeste, M. le Supérieur oubliait le délabrement de l'édifice pour ne voir que Jésus prenant possession tout à la fois et du temple profané, et de jeunes cœurs! Aussi quelle joie, lorsqu'après de nombreuses démarches, il put annoncer que la première communion se ferait dans la chapelle des Minimes.

On se met aussitôt à l'œuvre. La voûte est consolidée, les fenêtres garnies de verres blancs, le dallage complété, les murs ornés de tentures. Enfin, à la place même où se trouvait autrefois la scène du théâtre, s'élève, sur une estrade, un autel provisoire entouré d'une forêt de verdure et se détachant sur des draperies frangées d'or ; des chaises empruntées aux paroisses voisines complètent l'ameublement, et bientôt la chapelle, transformée et méconnaissable, est prête pour le grand jour.

Ah ! quel beau jour pour tous, mais surtout pour vous, Monsieur le Supérieur, lorsqu'au matin du 30 mai, par une belle journée de printemps, la procession de tous les élèves se forma dans la cour ; et que, précédé des enfants qui allaient faire leur première communion, vous êtes entré solennellement dans cette chapelle. Avec quelle émotion et quelle parole vibrante vous vous êtes adressé alors à ce jeune auditoire si bien préparé à ce grand acte de la vie. Ceux qui en ont été les heureux témoins ne l'oublieront jamais, surtout les vingt-quatre enfants de la première communion de 1861.

Le dimanche suivant, 2 juin, Mgr Dupanloup venait donner le sacrement de Confirmation et encourager la grande Œuvre qu'avait si bien commencée le Supérieur du Petit-Séminaire de Sainte-Croix.

En effet, à partir de ce jour, l'ère des premières communions était ouverte dans la chapelle des Minimes. Chaque année, les enfants faisaient, en souvenir de la première communion, un don à la chapelle. Ceux de 1861 offrirent le premier vitrail, à gauche de l'autel. Il représente Saint Joseph, le patron de la chapelle du Séminaire, et au-dessous, avec la date de la première communion, se trouvent inscrits les noms des donateurs. Il en fut de même les années suivantes.

Mais si les verrières se multipliaient, l'autel était toujours provisoire et le sanctuaire toujours garni de ses tentures rouges. Il fallut qu'un accident peu grave par lui-même, mais dont les conséquences auraient pu être terribles, vînt montrer la nécessité de songer aux peintures murales et de sortir du provisoire.

Un jour, l'élève chargé d'allumer les cierges de l'autel eut la maladresse de mettre le feu aux tentures : l'incendie fut promptement éteint et le coupable vertement grondé. A trente ans de distance, il n'a pas oublié la bonté miséricordieuse de M. le Supérieur, pas plus que le coup de clef que lui avait octroyé si charitablement, sur la tête, le vigilant économe.

Et lorsque vingt ans après, jour pour jour, par une de ces attentions délicates qui vous sont connues, Monsieur le Supérieur, un des jeunes communiants de 1861, alors devenu prêtre, vint prêcher la retraite de première communion de 1881, quel changement dans la chapelle! Partout de magnifiques verrières, partout des peintures murales, la voûte entièrement restaurée, et, à la place du pauvre autel de bois, un magnifique autel aux couleurs éclatantes avec son *ciborium*.

Et maintenant, qui pourra dire ce qui s'est passé de mystérieux et de consolant dans cette chapelle ? Si Dieu seul sait tout, vous aussi, vous en savez quelque chose, mes chers amis. Que de générations s'y sont succédé ! Tous ces noms qui couvrent les murs ne sont-ils pas de véritables dyptiques de la grande famille de Sainte-Croix ? Que de grâces demandées et obtenues, que de promesses faites, que de résolutions prises, que de larmes de joie et de repentir versées sur les dalles du sanctuaire, que d'appels de Dieu, que de vocations affermies, que de conversions! Peut-on passer devant la porte de cette chapelle sans en franchir le seuil ? Peut-on en admirer la splendeur sans se rappeler les souvenirs d'autrefois? Peut-on y entrer sans en sortir meilleur? A côté de l'œuvre matérielle, l'œuvre spirituelle.

A vous donc, après Dieu, Monsieur le Supérieur, toute notre reconnaissance!

En terminant, puis-je exprimer un vœu, qui, je n'en doute pas, sera aussi le vôtre, mes chers amis; c'est que le nom de M. le Supérieur soit mêlé à celui de ses enfants, c'est que son image bien-aimée rappelle à nos descendants celui qui fut le restaurateur de cette chapelle et le père de notre jeunesse.

L'idée est excellente; elle a été consacrée par les acclamations de tous, et nous sommes sûrs que ceux à qui ce soin incombe s'en souviendront.

Deux jeunes Minimes, de 1890, Guy Assire et Paul Gillet, trouvant sans doute que les Anciens gardaient trop longtemps la parole, la prennent pour réciter un dialogue de L. Ratisbonne.

Dieu fait tout.

« Comment est-ce que Dieu les a peintes, les fleurs?
Où donc a-t-il pris des couleurs?
— Voyant les terres toutes nues,
Dieu s'est mis à sourire... et les fleurs sont venues.
— C'est fort! Mais il a donc tout fait, tout, le bon Dieu?
— Tout, mon enfant : la terre et l'eau, l'air et le feu,
Et toutes les choses connues.
— Et toi, Mère!? Est-ce aussi Lui qui te fit? — Qui? Moi?
Sans doute! Te voilà stupéfait, immobile!
— Ah! cela devait être un peu bien difficile...
De faire une *Maman* aussi bonne que toi!

C'était le jour des Souvenirs; on fit donc un emprunt au passé, à une séance offerte, dix ans plus tôt, *à M. le Supérieur pour lui souhaiter sa quarantaine*, et M. P. Leturque chanta, au grand plaisir de tous, une poésie composée, en 1880, par un de ses condisciples, M. Régis de Montaudoüin, et pour laquelle un maître, justement apprécié au Petit-Séminaire, avait écrit une délicieuse mélodie.

Le soir de ma première journée au Séminaire.

J'allais avoir cinq ans, je crois,
Lorsque, pour la première fois,
Je fus conduit au Séminaire.
Ah! quand je partis le matin,
J'étais bien triste et bien chagrin!
Je pleurais en quittant ma mère!

« Le soir pourtant, à la maison
Je revins gai comme pinson,
L'air tout heureux, la mine fière!
J'étais déjà plus qu'un enfant!
Pour conter mon ravissement,
Je courus embrasser ma mère.

« Ah! lui dis je, c'était pour moi
Bien long, tout un jour loin de toi,
Dans une maison étrangère!
Mais, d'abord, je vis en entrant
Un visage tout souriant :
Son sourire est le tien, ma mère.

« Dans un grand livre étudier,
De lettres couvrir un cahier,
Tout cela ne me plaisait guère.
Mais lui, qui ne nous quittait pas,
Vint à moi, me parla tout bas :
Sa voix est la tienne, ma mère.

« Parfois, quand je suis paresseux,
Je vois tes doux et tendres yeux
Me regarder d'un air sévère.
Il possède aussi ce regard
Pour l'enfant rieur et bavard :
Son regard est le tien, ma mère.

« Moi, je m'étais mis à pleurer,
Ne sachant comment réparer
Une conduite un peu légère.
Mais, pour apaiser ma douleur,
Il me pressa contre son cœur.
Oh! son cœur est le tien, ma mère ! »

Et ma mère alors m'embrassa,
Puis avec moi s'agenouilla,
Et me fit dire : « Notre Père,
Accordez-lui des jours heureux,
Suivis du bonheur dans les cieux;
Car c'est bien ma seconde mère. »

Et maintenant, comme autrefois,
Je viens, avec bien d'autres voix,
Redire la même prière,
Les mêmes vœux, qu'au premier jour
De mon entrée en ce séjour;
Les vœux qu'on fait pour une mère!

L'histoire d'une maison d'éducation est faite de journées qui se succèdent avec une monotonie désespérante pour celui qui cherche à y glaner quelques événements mémorables. Le bien qui s'y fait, s'y fait sans éclat. Pourtant, parmi ces trente années, il en est une qui mérite une mention spéciale, celle où la plupart d'entre nous ont pu connaître ce qu'apporte avec elle de douleurs une guerre malheureuse, mais aussi ce qu'elle suscite de dévoûments et d'héroïsmes dans une nation généreuse. Au Petit-Séminaire de Sainte-Croix, on eut beaucoup à souffrir de l'invasion. M. A. Paulmier, ancien conseiller à la cour d'Orléans et délégué régional de la *Société de Secours aux Blessés*, a pu le constater, et nul témoignage ne pouvait être et plus autorisé et mieux accueilli.

MONSEIGNEUR,
MESSIEURS,

C'est un grand honneur pour moi d'être appelé à prendre la parole dans cette belle fête de famille. Cet honneur, je le dois à mon titre de délégué régional de la *Société française de Secours aux blessés*; mais, avant de vous rappeler quelle a été la belle conduite de M. Renaudin pendant la guerre de 1870, permettez au père de famille de s'associer aux vœux, aux souhaits, à tous les sentiments qui ont été si bien dits et d'y ajouter l'expression de sa profonde reconnaissance.

Cet hommage, je l'adresse en mon nom ; je l'adresse au

nom de mes quatre fils, qui ont eu le bonheur de faire leur éducation au Petit-Séminaire de Sainte-Croix, sous la bienveillante direction de votre vénéré Supérieur ; je l'adresse aussi à ces excellents Maîtres, que j'aperçois dans cette enceinte, et dont le zèle ne se ralentit jamais.

Il me faut, hélas ! réveiller dans vos cœurs de bien tristes souvenirs, vous parler de l'*année terrible !*

Après nos glorieuses défaites de l'armée du Rhin, Orléans était devenu, comme au temps de Jeanne d'Arc, le dernier rempart de la France. C'était dans nos murs que se formaient les armées qui devaient délivrer Paris et chasser l'étranger du sol de la patrie.

Tous, nous partagions les espérances de notre grand Évêque, et nous saluions de tout cœur ces fantassins, ces artilleurs, ces cavaliers, ces volontaires, qui venaient de toutes les parties de la France, de l'Algérie et même de l'étranger, se ranger sous le drapeau de la patrie.

En quelques mois, que d'émotions ! Après la défaite du 11 octobre, nous tressaillions de joie en chantant le *Te Deum* de la victoire de Coulmiers ; et puis, après de nombreux combats, l'ennemi rentrait dans nos murs, plus nombreux qu'avant.

Nous n'entendons plus le bruit du canon ni le sifflement des balles ; mais nous entendons les gémissements des blessés, et, chaque jour, nous voyons circuler dans nos rues ces longs convois, qui ramènent dans notre ville les soldats tombés pour la défense du pays.

Il en venait d'Artenay, de Chevilly, de Loigny, de Patay, de Meung, de Beaugency et des nombreux champs de bataille qui avaient ensanglanté les environs d'Orléans.

Ils étaient douze mille !

Les hôpitaux, les ambulances, étaient combles. L'Évêché, le Grand-Séminaire, les couvents, n'avaient plus un lit disponible. M. le Supérieur ouvrit à deux battants les portes de sa maison, et vingt-huit blessés allemands et français y trouvèrent les soins dont ils avaient besoin.

Nous ne sommes plus au temps où le brave capitaine La Noue disait que « *le meilleur lit pour un blessé est le fossé où il a pu se traîner, et où il attend que la mort mette un terme à ses souffrances, ou qu'une personne charitable vienne, à ses risques et périls, lui apporter quelques secours* ».

La Convention de Genève de 1864 a créé un droit nouveau en proclamant les droits de l'humanité. Le blessé est un frère ; il est sacré, et, à côté des armées, qui s'exercent à tuer selon les règles perfectionnées de l'art militaire, paraît la Croix Rouge, signe de l'espérance, qui, au nom de l'humanité, s'efforce de réparer les maux de la guerre.

Actuellement, le lit pour un blessé est le nôtre : ce sont vos lits que M. le Supérieur a donnés, et, à côté de vos dortoirs, il avait installé son ambulance, où vainqueurs et vaincus étaient l'objet d'une même sollicitude.

Quel surcroît de préoccupations, de surveillance incessante ! Et quelle charge énorme, si l'on tient compte de la difficulté des temps, de la présence d'un ennemi victorieux, exaspéré par les pertes subies, grisé par les victoires et ne connaissant d'autre droit que la force !

Aux humiliations morales viennent encore s'ajouter des difficultés matérielles, la vraie lutte pour l'existence. Ah ! le pain quotidien, on n'était pas sûr de l'avoir ! Or, il en fallait pour les élèves qui continuaient leurs études ; il en fallait pour les blessés ; et, si grande que fût la foi de M. le Supérieur, il n'espérait pas voir se renouveler le miracle de la multiplication des pains, et cependant la vie de chaque jour a été assurée.

A l'heure habituelle, la cloche vous appelait au réfectoire. Votre couvert était mis, et le banquet d'aujourd'hui n'a pu être qu'un souvenir affaibli des dîners de 1870. Peut-être quelques enfants délicats, difficiles (la critique est aisée), se plaignaient-ils du régime. Ils ne l'auraient pas fait, s'ils avaient su au prix de quels soucis M. le Supérieur avait pu le leur procurer.

Chaque matin, M. Renaudin, brassard au bras, partait, suivi d'un domestique trainant une petite voiture, allant de boulangerie en boulangerie. Mais il ne suffisait pas de remplir la voiture ; la difficulté était de la ramener intacte au Petit-Séminaire, et, comme le capitaine d'un navire qui jette par-dessus bord une partie de sa cargaison, pour sauver son bâtiment, M. Renaudin, pour traverser les flots des Prussiens qui lui barraient l'entrée, dut, plus d'une fois, faire le sacrifice bien involontaire d'une partie de ses provisions.

Pour mettre un terme à ces pillages, il obtint des autorités prussiennes d'être accompagné par un soldat. Quelle dure épreuve pour son cœur de prêtre et de Français, de se voir, dans sa ville natale, le protégé d'un Prussien, lui qui avait droit à tous les respects, lui dont la vie était toute une vie de dévoûment, épreuve heureusement adoucie par la conscience du devoir accompli !

Sa tâche était double. D'un côté, il guérissait et rendait à leur famille ces blessés qui, tombés loin du sol natal, avaient trouvé au Petit-Séminaire un toit hospitalier, des soins de chaque jour, et, ce qui était plus précieux, un père charitable et dévoué.

De plus, il continuait l'éducation de ses enfants. Les études étaient à peine troublées par le bruit du canon, et nos revers mêmes étaient un enseignement précieux pour les élèves.

C'est qu'au Petit-Séminaire, on ne forme pas seulement de bons chrétiens, des savants ; on forme aussi des cœurs vaillants, prêts à tous les sacrifices et disposés à donner leur vie pour la patrie.

Ils l'ont bien montré, ceux qui manquent à cette fête, et qui sont tombés en faisant face à l'ennemi.

Leurs noms, vous les connaissez tous. Ils étaient vos amis, vos camarades. Ils combattaient peut-être à vos côtés. Leur souvenir est gravé dans le cœur de votre Supérieur comme dans les vôtres. D'Albert de Montmarin, de G. de Geffrier, de Raymond Vayssié, on peut dire, comme pour La Tour d'Auvergne, qu'ils sont morts au champ d'honneur !

Ils sont nombreux, les élèves du Petit-Séminaire qui servent dans l'armée française, comme officiers ou soldats. Pas un ne reculera devant l'ennemi, et tous, soyez-en sûrs, imiteraient leurs aînés de La Chapelle, comme le lieutenant Dujeu, auquel j'envoie une franche accolade, et qui vient, au Tonkin, d'échanger sa jambe contre la croix d'honneur.

Monsieur le Supérieur,

Notre Comité de Secours aux blessés du Loiret est fier de vous compter au nombre de ses membres. Vous êtes des nôtres depuis la fondation. Vous êtes un des premiers par le dévoûment. Je suis heureux de vous adresser l'expression de notre reconnaissance pour le concours que vous avez donné à nos blessés. Dût votre modestie en souffrir, vous avez été à la peine, il est juste que vous soyez à l'honneur !

Soyez-y longtemps, et pour les familles, et pour les enfants, et pour les blessés !

« Il y a toujours de l'écho en France quand on parle de patriotisme. » On put s'en convaincre alors une fois de plus en entendant toutes les voix s'unir pour chanter cet *Hymne à la France*.

Amis, près d'aller ici-bas
Prendre le poste de combat

Assigné par la Providence,
Il faut tous, en nous dispersant,
Avoir un cri de ralliement :
Aimons la France !

CHŒUR.

Aimons la France ! Allons, amis !
Qu'elle connaisse en nous ses fils,
Sa dernière espérance !
Eh ! qu'importe ? ou prêtre, ou soldat ?
Prière, travail ou combat ?
Aimons la France !

Aimer, servir son cher pays
Par sa parole et ses écrits,
Par le travail, par la souffrance,
Un Français le sait toujours bien ;
Mais ce cri n'est pas moins chrétien :
Aimons la France !

Voulez-vous être ses soldats ?
Pour elle donc vos cœurs, vos bras ;
Tout votre sang pour sa défense !
Gardez l'honneur de son drapeau,
Et jusqu'à la mort, s'il le faut,
Servez la France !

Et vous, que l'amour éternel
Du Dieu Sauveur veut à l'autel,
A vous donc l'âme de la France !
Comprenez bien ce dernier vœu :
Rendez-lui l'amour de son Dieu !
Sauvez la France !

M. l'abbé Pouret, curé de Sury-aux-Bois, réunissant dans une même pensée ce qui compose la vie de tout écolier chrétien, le jeu, la prière et l'étude, vient chanter *les Minimes et les Capucins.*

On avait dit : « Chassons le prêtre
De l'école de nos enfants ;
De ses murs faisons disparaître
La Croix qui régna trop longtemps. »

Mais un homme, ou plutôt un prêtre,
En voyant outrager sa foi,
Répond comme le divin Maître :
« Petits enfants, venez à moi ! »
Il va prendre un vieux monastère,
Et, plantant la croix au milieu,
Il dit, d'une voix noble et fière :
« On aime ici la France et Dieu ! »

Le monde étonné le regarde :
Plus d'un père y voit un ami ;
D'autres se disent : « Prenons garde ;
Ce vieux couvent, c'est l'ennemi. »

Vont-ils venir ?... Voyez la foule
Des enfants qu'il a réunis ;
Leur bataillon, qui se déroule
Sous ces vieux cloîtres rajeunis !
On les voit, ces nouveaux Minimes,
Fiers de leur nom de Sainte-Croix,
Marcher sur les traces sublimes
De nos vieux moines d'autrefois.

Ils viennent, dans la solitude,
Puiser aux sources du savoir,
Unir la prière à l'étude,
Prendre pour règle le devoir.
Dans la classe, Horace et Virgile.
Dirigent leurs premiers essais;
Dans la chapelle, l'Évangile
De Dieu révèle les bienfaits.
C'est là qu'une douce harmonie
Ravit l'âme de ses accords,
Et que du peintre le génie
Rappelle, en de brillants décors,
Ces jours heureux où Dieu lui-même,
Toujours aussi bon qu'autrefois,
Dans le cœur de l'enfant qu'il aime,
Descend pour la première fois.

Plus tard, sous ces arceaux gothiques,
Enfants, qui rêvez avenir,
Vous chercherez, dans vos diptyques,
Votre plus heureux souvenir;
Et tel, illustré par les armes,
Voulant s'y retrouver encor,
Les yeux voilés de douces larmes,
Lira son nom au Livre d'Or.

Hélas! nous sommes sur la terre,
Et nos Minimes ont douze ans...
Le corps réclame: et le bon père,
Comme eux, disait depuis longtemps :
Il faut que l'esprit se délasse
Pour qu'il puisse travailler mieux.
Il faut, à l'enfant, de l'espace,
De l'air, des champs, du bruit, des jeux.

Il a trouvé : la Providence,
Qui favorise ses desseins,
Lui permet d'offrir à l'enfance

Le beau couvent des Capucins.
En contemplant ces lieux splendides
Nous pensions être transportés
Dans ces jardins des Hespérides,
Que les dieux mêmes ont plantés;
Beaux fruits dorés, grappes vermeilles,
Frais ombrages, enfants joyeux,
Tout un ensemble de merveilles
Que le maître offrait à nos yeux.
C'est là qu'il fait double culture:
Il y récolte doublement
Les doux présents de la nature,
Et les vertus du jeune enfant.
Sous sa main habile et discrète
Se forment l'esprit et le cœur;
L'ignorant devient un prophète,
Et l'enfant des champs un docteur.

La plante aussi reprend la vie;
Le phylloxéra tremble et part,
Le grain se change en ambroisie
Et l'Othello devient nectar.

Cet homme est celui qui préside
A notre banquet fraternel,
Celui que nous avions pour guide
Au travail, aux jeux, à l'autel.
Nous sommes presque les ancêtres
De ceux qu'il dirige aujourd'hui.
Seul, il survit à nos vieux maîtres,
Il songe à nous; pensons à lui!
Défendons-lui, quoi qu'il arrive,
De nous quitter avant le temps.
Nous le voulons! Il faut qu'il vive!
La cinquantaine est un printemps!

M. Varnier devait clore la séance, au nom des *Anciens*, comme l'avait ouverte un huitième au nom des *Petits*.

Messeigneurs,
Messieurs,

S'il s'agissait en ce moment de parler des *Anciens*, la tâche serait presque inabordable, car il est toujours délicat de parler de soi-même. Heureusement, il ne s'agit pas ici de parler de nous, mais de la bonté de M. le Supérieur pour nous, ce qui est fort différent. Le sujet devient ainsi tout à coup immense et facile, et l'on ne garde plus qu'un regret au cœur, c'est de n'avoir que cinq minutes à peine, pour causer d'une si vaste chose.

Donc, nous sommes les *Anciens*, *ses* Anciens et même ses *bons* Anciens. Avez-vous remarqué comme M. le Supérieur qualifie toutes choses et toutes personnes de *bonnes* choses et de *bonnes* personnes ? « Nos *bons* Anciens... Nos *bons* Messieurs... » Et, quand il revoit chacun de nous : « Mon *bon* un tel... » Recueillons-nous, ô mes amis, et soyons un instant moralistes. N'est-ce pas une vérité d'expérience que l'on prête toujours à autrui ses propres qualités et ses propres défauts? De même que l'orgueilleux taxera tous les hommes d'orgueil, excepté lui-même, ainsi l'homme plein de bonté trouvera tous les autres hommes pleins de bonté, sans s'apercevoir que c'est précisément parce qu'il est lui-même indulgent et bon. — Et, pour passer de suite de la forme au fond, dites-moi, mes chers camarades, ce que M. le Supérieur aurait bien pu faire de plus pour nous que ce qu'il a fait ? Ne parlons pas des banquets triennaux d'Anciens, puisque l'institution existe dans toutes les maisons d'éducation. Mais la *Salle des Anciens* et la *Conférence,* où voit-on cela? Qu'avons-nons besoin de nous mettre en peine, lorsque, lassés des combats du monde où tout résiste et doit se prendre d'assaut, nous rêvons une maison, une table, des bras, un cœur toujours ouverts?... Nous nous dirigeons, seuls ou trois ou quatre ensemble, ou vingt, ou cent, s'il nous plaît, vers cette chère rue d'Illiers, tant de fois parcourue jadis, et nous frappons à la porte du n° 28. Alors, au tapage de notre invasion dans la cour d'entrée, le rideau d'une fenêtre aimée s'écarte curieusement, et un bon et fin sourire filtre sur nous à travers la vitre et nous souhaite la bienvenue. Et puis, M. le Supérieur vient dans notre salle, je veux dire dans la salle des Anciens. Voyez, j'appelle sa salle *notre* salle, tant il nous a appris à nous considérer comme chez nous chez lui. Il nous écoute, nous parle de devoir, de charité, et cherche avec M. l'abbé d'Allaines, toutes les occasions de mettre en œuvre l'activité dévorante de notre jeunesse pour les belles et nobles causes... Nous parlons de tout. Mais nous aimons surtout à évoquer le temps passé, les fêtes profanes et religieuses du Petit-Séminaire, les lectures spirituelles, nos espiègleries d'écoliers, l'hiver, avec ses belles glissades, et l'été, avec ses jours de congé à la maison de campagne et ses jours de classe étouffants, où nous voyions, par les fenêtres grandes ouvertes, M. le Supérieur faisant de la viticulture sur une haute échelle, avec les pampres de la grande cour, passion qui lui fut un jour funeste. O souvenirs d'enfance, ô maison dont je suis l'un des fils, ô Monseigneur et mon Père, tous soyez bénis! Que vous dire que vous ne sachiez déjà? Que nous vous aimons? Mais nous vous l'avons dit si souvent déjà! Qu'importe! redisons-le encore. Aussi bien est-ce le privilège de la vieillesse d'avoir le droit de se répéter un peu sans qu'on la gronde... et je suis *un Ancien.*

FAÇADE DE LA CHAPELLE

Que restait-il à ajouter? Il était naturel que l'histoire d'aujourd'hui eût sa place dans cette séance consacrée aux Souvenirs. M. M. Bezard, président de l'Association amicale de Sainte-Croix, fit en quelques mots l'historique des fêtes du Cinquantenaire.

MESSIEURS,

Il y a cinquante ans que M. le Supérieur est monté pour la première fois à l'autel; et, depuis cinquante ans, il s'est consacré, — avec quel dévoûment! vous le savez, — au service de Dieu et à l'éducation de la jeunesse.

Tous ceux qui le connaissent, c'est-à-dire tous ceux qui l'aiment, ne pouvaient manquer de célébrer un pareil anniversaire.

Quel empressement, quel enthousiasme, ont accueilli la pensée de fêter la cinquantaine du sacerdoce de M. le Supérieur! Vous avez pu le constater depuis ce matin, et votre présence ici, Messieurs, le dit assez éloquemment.

Et cependant, un grand nombre d'amis et d'anciens Élèves auraient désiré se joindre à vous et ont été retenus par l'éloignement ou par les exigences de leurs diverses occupations.

Lire les lettres des absents serait une tâche trop longue. Je les résumerai toutes en disant qu'on y trouve à chaque page une pensée d'affection et de reconnaissance. Elles sont venues de toutes les extrémités de la France, même d'Allemagne, d'Angleterre et d'Amérique; et, si la plupart s'adressaient à M. le Supérieur de Sainte-Croix, d'autres

avaient trait à l'ancien curé de Saint-Hilaire-Saint-Mesmin. A Saint-Hilaire-Saint-Mesmin, une souscription particulière a même été ouverte pour donner à Mgr Renaudin une preuve du souvenir reconnaissant de ses paroissiens d'autrefois.

J'ai dit que je ne lirais pas les lettres des *Anciens ;* permettez-moi de faire exception en faveur des lignes écrites par deux prélats.

Son Éminence Mgr le cardinal Place, archevêque de Rennes, Dol et Saint-Malo, répondait, à l'invitation qui lui avait été adressée :

« Mon cher Directeur,

« Ni le temps ni l'éloignement n'ont affaibli les liens qui m'attachent à la chère Église d'Orléans. L'archevêque de Rennes est resté fidèle à tous les sentiments de l'ancien vicaire général de Mgr Dupanloup, et l'un des plus invariables parmi ces sentiments est celui que j'ai voué au vénérable Supérieur du Petit-Séminaire de Sainte-Croix. Aussi, ne puis-je que vous remercier d'avoir pensé que je serais heureux de m'associer à la célébration de son cinquantenaire sacerdotal et au projet si bien inspiré d'achever, à cette occasion, en son honneur et comme souvenir de cette fête, la restauration de la chapelle de Sainte-Croix. Je prie le vénérable jubilaire de voir dans ma modeste offrande un témoignage des sentiments que je lui conserve... »

Sa Grandeur Mgr Lagrange, évêque de Chartres, répondait, de son côté, à M. le Directeur :

« Vous ne vous trompez point en disant que M. Renaudin et sa Maison des Minimes ont depuis longtemps toutes mes sympathies ; et vous m'avez fait grand plaisir en me faisant part de la fête que vous lui préparez, et dont il est si digne. J'aurais aimé me joindre à tous ceux qui, au jour de son cinquantenaire, lui présenteront leurs vœux et les témoignages de leur affection. Mais, à mon grand regret, il m'est impossible de penser à faire un second voyage à Orléans, sitôt après le 8 mai. Vous saurez du moins que je suis de cœur avec vous, et que je m'intéresse toujours beaucoup à votre Maison et à son vénéré Supérieur. »

Après avoir cité Mgr de Rennes et Mgr de Chartres, puis-je oublier que Mgr l'Évêque d'Orléans a bien voulu donner à la préparation des fêtes du cinquantenaire une impulsion décisive en promettant de venir les présider lui-même. Aujourd'hui, tous les *Anciens Élèves* de Sainte-Croix sont heureux, Monseigneur, de vous voir à leur tête, donner à M. le Supérieur un précieux témoignage de sympathie.

Monsieur le Supérieur,

Tous les vœux qui vous ont été adressés, tous les souvenirs qui vous ont été rappelés depuis hier, je crois pouvoir les résumer en vous lisant les vers si délicats qu'un *Ancien* a composés en votre honneur ; le dernier mot appartient aux poètes. Puissé-je, en lisant son œuvre, apporter quelque consolation à l'auteur, qui n'a pu vous la présenter lui-même.

A Monseigneur Renaudin.

Parmi tous les élus, qui, chaque an, par le monde,
Prêtres, s'en vont porter la parole féconde,
Le pain nécessaire au chrétien,
Chacun suit, confiant, la route où Dieu le mène,
Sachant trouver partout une misère humaine,
Sachant partout faire du bien.

Les uns voient s'écouler leur modeste existence
Dans quelque coin perdu de notre belle France,
Encourageant, dans leurs labeurs,
Ceux dont le dur travail est comme une prière,
Qui monte vers le ciel, en passant par la terre.
Espérance de leurs sueurs !

D'autres, dont Dieu bénit la fertile éloquence,
Pareils au laboureur répandant la semence,
S'en vont, majestueux et doux,
Montrant aux oublieux le chemin de l'Église,
Et réchauffant la foi de la foule conquise
Qui vient les entendre à genoux.

Il en est, qui, gagnant des terres plus lointaines
Vont évangéliser d'autres races humaines,
Leur apprendre la Vérité,
Vivant au jour le jour et couchant sur la dure,
Donnant à leurs bourreaux, au sein de la torture,
Des paroles de charité.

Votre tâche, Monsieur, fut au moins aussi belle :
Dieu ne vous gardait point pour la terre infidèle ;
Vous eûtes le rare bonheur
D'instruire et d'élever, à travers leur enfance,
Des hommes, des chrétiens, dignes d'être à la France
Et par l'esprit et par le cœur !

Combien, aux premiers jours, la route fut pénible,
Vous ne le direz pas. Une force invincible
Vous dirigeait sur le chemin.
Vous montriez le but aux enfants, dès l'aurore ;
Et le soir est venu, mais vous marchez encore
En leur donnant toujours la main...

Durant ce long trajet, que de sollicitudes
Pour tous ces chers petits, objets de vos études,
Qui près de vous venaient grandir !

Votre voix est si bonne, et votre main si douce,
Qu'ils s'en allaient heureux, sans peine et sans secousse,
Et confiants en l'avenir!

Vous leur avez appris la morale des choses,
Que l'épine souvent se cache sous les roses,
Qu'au travail est joint le plaisir ;
Et qu'enfin, après Dieu qui nous donna la vie,
Ils doivent tous leurs soins, leur être à la patrie,
Même s'il en fallait mourir!

Vous travaillez toujours, et les enfants se suivent;
Les plus grands sont partis; de plus petits arrivent
Se livrer aux mêmes travaux,
Où le commun effort, à la longue, les lie
Et fait qu'ils resteront, jusqu'au bout de la vie,
Toujours amis, quoique rivaux.

Enfin, Dieu vous permit, élargissant l'enceinte
Qui vit se commencer une tâche si sainte,
De poursuivre jusqu'à la fin,
De mener vos aînés au terme des études,
Et de les assouplir à des travaux plus rudes
Que ceux du grec et du latin.

Aussi, ce soir, cher Maître, ayez la récompense :
Jetez autour de vous les yeux sur cette enfance,
Et derrière leurs rangs pressés,
De leurs frères aînés la phalange se dresse
Dans les murs vénérés, amis de leur jeunesse
Et témoins de leurs ans passés.

Votre cœur n'aura pas de peine à reconnaître
L'enfant, qui vint ici jouer auprès du Maître
Dans ce prêtre au front calme et pur,
Dans ce jeune avocat à l'heureuse faconde,
Ou dans cet officier à la moustache blonde,
Au dolman couleur de l'azur.

Enfants et jeunes gens, belle et chère espérance!
Vous revivez en eux : c'est une eau de Jouvence
Qui vous empêche de vieillir.
Cinquante ans sont passés : l'arbre planté se lève
Portant partout des fruits à ses bras pleins de sève ;
Vous n'avez plus qu'à les cueillir!

Quand vient l'heure dernière, elle apparait au sage
Comme un soleil couchant dans un ciel sans nuage
Qui ravit ses yeux souriants;
Mais le soleil ici ne descend pas encore;
Que dis-je! C'est pour nous une nouvelle aurore
Qui commence à ces cinquante ans!

En entendant toutes ces belles choses, l'émotion de M. le Supérieur était profonde, et il eut peine à la maîtriser, quand, à la fin, il se leva pour remercier tous ceux qui avaient pris part à cette séance.

Il aurait voulu adresser à chacun d'eux un remercîment particulier :

Et à celui de *ses chers Petits* qui, le premier, avait porté si gracieusement la parole ;

Et aux deux représentants de cette rhétorique de 1849, fidèle et dévouée entre toutes, qui, déjà, avait donné si brillamment au moment des toasts, et dont ils venaient de justifier, en prose et en vers, la bonne réputation ;

Et à l'avocat estimable et estimé, qui avait redit, avec son esprit et avec son cœur, les origines du Petit-Séminaire ;

Et à l'élève de la Division supérieure de 1890 qui avait si bien raconté le transfert de la maison, des dépendances de l'Évêché dans l'ancien couvent des Minimes :

Et à tous ses chers et *bons* Anciens, — de tout âge, — dont les paroles et les chants l'avaient ému jusqu'au fond de l'âme.

Mais, après tant d'émotions, ses forces auraient trahi sa reconnaissance. Il ne put pas cependant résister au désir de répondre directement à deux des souvenirs qu'on avait évoqués.

M. l'abbé Guillon avait parlé de la chapelle de la Première Communion, de l'état où il l'avait vue autrefois, et de celui où il la voyait maintenant. Cette chapelle, — on le sait, et nous l'avons déjà dit, — est une des œuvres de prédilection de M. le Supérieur. En remerciant le premier communiant de 1861 de la manière délicate dont il avait traité son sujet, il saisit cette occasion pour payer de nouveau aux familles chrétiennes le tribut d'une reconnaissance, qu'elles accroissent chaque année. Ce sont elles qui ont pris l'initiative de la restauration qui s'achève ; et c'est leur générosité qui en a fait le Livre d'or de leurs enfants.

Un père de famille, l'honorable M. Paulmier, ancien conseiller à la Cour, avait bien voulu joindre sa voix à celle des enfants de la Maison. Il lui avait confié successivement ses quatre fils, et, pour nous servir d'une de ces expressions marquées au coin d'une délicatesse exquise, il avait par là *vingt-cinq ans de présence au corps*. Pour récompenser cette présence, il aurait fallu un chevron d'honneur ; il était si bien mérité ! M. le Supérieur, n'ayant pas le droit d'en décerner, se fit au moins un devoir de lui dire combien il se trouvait honoré de sa démarche, et combien il était touché de sa bienveillance pour l'ambulancier du Petit-Séminaire. Dans sa réponse, il s'excusa de son dévoûment en l'expliquant. En dehors du désir qu'il avait de remplir, dans toute la mesure possible, son devoir de Français au milieu des malheurs de la patrie, il avait dû suivre l'exemple de Mgr Dupanloup ouvrant aux blessés de l'année terrible son palais épiscopal, et l'exemple même de M. le Délégué régional, qu'on trouvait partout où il y avait une souffrance à adoucir et une blessure à panser. « D'ailleurs, ajouta-t-il, pouvais-je ne pas faire ce que j'ai fait? *Ne suis-je pas Orléanais?... Et Orléans n'est-il pas le cœur de la France?* »

Mgr l'Évêque d'Orléans, voulant qu'aux noms déjà cités précédemment fussent associés ceux des organisateurs de cette fête, demanda des applaudissements pour ceux qui, depuis des mois, s'étaient dévoués à une œuvre dont on pouvait, ce jour-là, constater le plein succès.

Il n'est pas besoin de dire que le vœu de Monseigneur fut immédiatement et généreusement comblé. Sa Grandeur était entrée dans la pensée de tous.

La séance se termine par la cantate de la cinquantaine, qu'avaient offerte à Mgr Renaudin ses Anciens élèves.

CANTATE

CHŒUR.

C'est jour de fête au Petit Séminaire;
C'est un anniversaire
Bien doux à notre cœur,
Car aujourd'hui de notre Supérieur
Nous célébrons l'heureux cinquantenaire.

SOLO.

Et toi, sainte maison, qui de nos jeunes ans
Abritas la faiblesse,
Que tes murs à nos voix tressaillent d'allégresse
Et redisent nos chants!

CHŒUR.

Que nos voix s'unissent!
Que les cieux
Retentissent
De nos airs joyeux!

SOLO.

Pour l'enfant qui soupire il trouve des accents;
Il sait faire plier sa volonté rebelle
En parlant à son cœur, et le rendre fidèle
Au travail, au devoir, aux saints enseignements!

CHŒUR.

Car il a ce charme suprême,
Rayon de la divinité,
Cet attribut de Dieu lui-même,
Que l'on appelle la bonté!

SOLO.

L'ancien revient à lui, retrouve avec bonheur
Le prêtre vénéré, dont l'âme généreuse,
Loin des tristes dégoûts d'une époque oublieuse,
Unit dans son amour Dieu, la France et l'honneur!

CHŒUR.

Car il a ce charme suprême,
Rayon de la divinité,
Cet attribut de Dieu lui-même,
Que l'on appelle la bonté!

DUO.

Dieu tout-puissant, entends notre ardente prière :
Conserve à notre amour
Celui qui si longtemps fut ici notre père,
Et qu'on fête en ce jour!

Dieu, qui dans ta bonté, confias notre enfance
A son cœur maternel,
Qu'il recueille ici-bas notre reconnaissance
En attendant le ciel.

CHŒUR.

C'est jour de fête au Petit Séminaire;
C'est un anniversaire
Bien doux à notre cœur,
Car aujourd'hui de notre Supérieur
Nous célébrons l'heureux cinquantenaire.

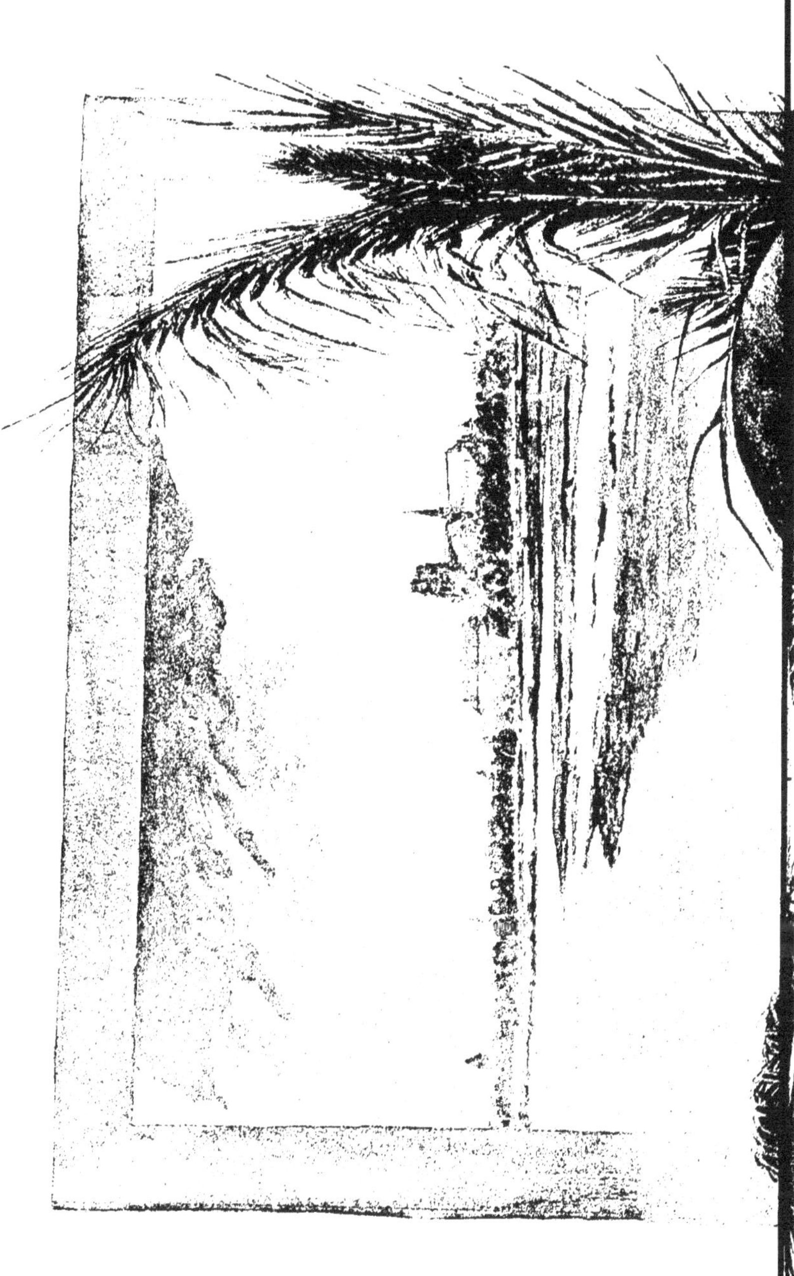

A
MONSEIGNEUR RENAUDIN
HOMMAGE DE FILIALE ET RESPECTUEUSE AFFECTION

Il pouvait sembler qu'après une journée aussi bien remplie, il n'y avait plus rien à désirer : bien difficiles, en effet, eussent été ceux qui auraient demandé un effort, c'est-à-dire un plaisir de plus. Et pourtant, les *Anciens*, toujours infatigables, crurent que la soirée paraîtrait longue, et ils se chargèrent d'en occuper agréablement les loisirs.

Une séance récréative, offerte à Mgr Renaudin, devait permettre *aux familles des élèves actuels* de se trouver réunies à leur tour auprès du vénéré Supérieur de leurs enfants. Le lundi soir était réservé aux internes, le mardi aux externes.

A huit heures, la vaste salle de l'*Œuvre de la Jeunesse ouvrière*, salle gracieusement prêtée par M. l'abbé de Poterat, lui aussi Ancien Élève du Petit-Séminaire de Sainte-Croix, était occupée par sept ou huit cents invités. Au programme : *Le Chalet*, opéra comique d'Adam, et *le Testament de César Girodot*, comédie de Villetard et Belot. Un nombreux orchestre, composé d'Anciens et d'amis de la maison, allait, sous une direction habile, interpréter la délicieuse partition d'Adam. Il ne trompa d'ailleurs pas l'attente du public, et nous avons entendu, à la soirée, un vieux dilettante avouer qu'il était difficile d'obtenir une exécution plus soignée.

Nous n'avons pas l'intention de nous étendre ici sur le jeu des acteurs. Dans *le Chalet*, les Anciens, déjà entendus à la séance de l'Institut, dépassèrent les espérances qu'ils avaient fait concevoir. Tenir un rôle de ce genre sans faiblir une minute, sans se laisser déconcerter par l'accompagnement, souvent chargé, de l'orchestre, sans se laisser distraire une minute de l'enchaînement mélodique, est certes difficile pour des artistes rompus à toutes les difficultés de la musique et de la représentation ; mais, de la part d'amateurs, c'est un véritable tour de force, et vraiment on ne craint pas de dépasser la mesure en félicitant chaudement ceux qui l'ont accompli. MM. P. Leturque, H. Desforges et A. Callier, ont su rendre avec beaucoup de charme une œuvre particulièrement gracieuse.

L'amusante comédie de Villetard et Belot n'avait pas trouvé de moins bons interprètes. Nous avons conservé le meilleur souvenir, — et personne ne nous contredira, — de l'irascible *Isidore Girodot*, et du Normand *Langlumeau*. MM. Victor Callier et Louis Bimbenet ont vaillamment conduit la petite troupe à la victoire ; et tous les soldats peuvent revendiquer une part de triomphe.

Nous sommes sûrs que les quinze ou seize cents personnes qui ont passé là leur soirée du 26 ou 27 mai n'en ont pas regretté une minute. Et, lorsqu'elles jettent les yeux sur le programme, très finement dessiné par un Ancien (toujours eux !), qu'elles ont certainement conservé, elles doivent regretter, avec une pointe d'égoïsme, que les soirées de ce genre soient trop rares.

Le mardi, entre les deux représentations, les artistes, accompagnés de nombreux amis, venaient se reposer et déjeuner *aux Capucins.* Un assistant, qui avait charmé tout le monde à l'Institut en parlant de la bonté de M. le Supérieur, en a rapporté et conservé l'impression que voici :

Le déjeuner eut un caractère d'originalité charmante. Le banquet de la veille avait été bruyant. Tant d'amis réunis ne pouvaient tarir sur le plaisir qu'ils avaient de se revoir et se disaient tous à la fois les nouvelles qu'ils savaient, en sorte que le ton général des conversations s'était vite élevé au diapason sonore et un peu abasourdissant d'un réfectoire en *Deo gratias;* et puis ensuite, le fleuve majestueux des toasts solennels avait coulé pendant près d'une heure..... Aux *Capucins,* rien de tout cela, mais une seule et même conversation, suivie par tous les convives, un dialogue très familier et très affectueux entre le héros vénérable de la fête et celui quelconque de ses cinquante invités, à qui il plaisait de lui donner la réplique. — Dans la plupart des agapes organisées en l'honneur de quelque personnage de mérite, les convives oublient bien un peu parfois celui qu'ils célèbrent et se mettent à festoyer pour leur propre compte, comme à une table d'hôte anonyme. Il n'en fut assurément pas ainsi ce jour-là, et le roi très fêté de la réunion ne cessa point d'être bien apparemment et bien constamment, d'un bout à l'autre du repas, celui qui devait l'être en effet. — Au dessert, M. le lieutenant d'artillerie Louis Faucheux fut chargé, par acclamation, de propager l'incendie à travers une joyeuse demi-douzaine d'omelettes au rhum, que cet officier semblait d'ailleurs étudier, depuis leur arrivée, avec une impatience mal contenue. Pendant ce temps, l'on grignotait en riant certain gâteau teuton, un peu dur, mais très bon, que M. le professeur d'allemand, Küchen, avait rapporté dans ses propres bras depuis *Hambourg*, sa patrie, jusques aux *Capucins*, où il en avait fait hommage à son vénéré Supérieur. Ce gâteau était accompagné d'un nombre considérable d'ornements pleins de goût, et notamment, ô poétique Allemagne ! d'un véritable champ de *vergiss-mein-nicht* en mie de pain et montés sur des fils de laiton. Et voici que tout à coup l'un des convives se met à agiter au-dessus de sa tête l'une des fleurettes symboliques : « Jolie petite fleur ! s'écrie-t-il, au nom des Anciens ici présents, je te dédie, toi et toutes celles de ce beau gâteau... à M. le Supérieur ! » Aussitôt, toutes les mains se lèvent, brandissant des myosotis, et Mgr Renaudin, non sans une pointe d'émotion, arbore bravement à sa boutonnière un bouquet des tendres fleurs qu'on lui apporte.

Cette après-midi du mardi 27 mai fut encore agréablement remplie par les conversations et le repos sous les grands arbres de la maison de campagne. N'oublions pas une visite minutieuse faite par ses *bons* Anciens au clos préféré de leur *bon* Supérieur ; ils purent constater que l'*Othello* promettait une abondante récolte, et qu'il pourrait figurer avec honneur à quelque prochaine fête. Le soir, ils retrouvèrent, devant un public différent, les succès et les applaudissements de la veille.

Telles ont été ces fêtes, ces *Noces d'or !* Un juge désintéressé devrait avouer qu'elles ont été splendides ; et, pour les avoir vues de plus près que beaucoup d'autres, nous ne croyons pas nous être laissés éblouir. Ce qui nous a frappés surtout, c'est la cordialité profonde qui, pendant trois jours, a réuni dans une même pensée une foule composée d'éléments si divers.

Tous, depuis le père et la mère de famille, dont les fils avaient reçu et reçoivent au Petit-Séminaire de Sainte-Croix une éducation forte et chrétienne, jusqu'aux plus petits enfants assis sur les bancs de la dixième, tous voulaient, en une occasion unique, prouver à M. le Supérieur que son inaltérable dévoûment ne s'était pas dépensé pour des ingrats.

Il a pu se convaincre que la bonté est encore la plus grande force, et que, si l'on oublie facilement dans un homme les autres qualités, on conserve pour celle-ci un souvenir attendri et impérissable.

Si les épreuves n'ont pas manqué à ces cinquante années de travaux, il a retrouvé, après un demi-siècle écoulé, fidèles et grandissantes, les amitiés d'autrefois ; il pourra en attribuer le mérite aux autres ; nous savons, nous, que l'affection appelle l'affection, et que, pour être aimé, il faut d'abord *aimer soi-même.*

PERSONNEL DU PETIT SÉMINAIRE DE SAINTE-CROIX

(ORLÉANS, RUE D'ILLIERS, 28, AUX MINIMES).

Mgr Léon RENAUDIN, chanoine, prélat de la maison de Sa Sainteté, supérieur.

MM. Adolphe CASTERA, chanoine honoraire, directeur, préfet de religion et des études.

Hubert BILLARD, chanoine honoraire, économe.

PREMIÈRE DIVISION.

MM. Charles CHÉNIER, préfet de discipline.
Édouard RICHER, président d'étude.
Henri d'ALLAINES, philosophie.
Maurice DAVID, rhétorique.
Camille BLANCHET, licencié ès-lettres, seconde.
Adolphe GENTY, troisième.

DEUXIÈME DIVISION.

MM. Joseph POUSSARDIN, préfet de discipline.
Auguste PLARD, Gustave FRANCE, } présidents d'étude.
François MARTIN, quatrième.
Eugène RABY, Victor-Honoré JULLIEN, } cinquième.
Paul JUILLERAT, Léon GUIMBERTEAUD, } sixième.

TROISIÈME DIVISION (*Division des petits enfants*).

MM. Eugène ARNAL, directeur.
Georges BERGER, septième.
FF. VITAL, premier cours préparatoire.
AIBERT-MARIE, ÉPIPHANE, } présidents d'étude.
FRÉDÉRIC-JOSEPH, second cours préparatoire.
YVES, troisième cours préparatoire.

Cours d'Histoire, de Géographie, de Sciences, de Langues vivantes, Études, Accessoires et Arts d'agrément.

MM. Victor ROCHER, chanoine, histoire.
Pierre IAUCH, histoire et géographie.
Alphonse MAILLARD, licencié ès-sciences physiques, }
Charles CHÉNIER, }
Joseph POUSSARDIN, } sciences.
Édouard RICHER, }
Auguste NICOLAS, }
Ernest AMARY, } allemand.
Patrick GAYNOR, anglais.
Hilaire LOISEAU, écriture.
Henri CHOUPPE, }
Hippolyte RIBBROL, } dessin.
Alexandre LEMOINE, musique vocale.
Charles PICHON, }
Théotime DESLAURIERS, } musique instrumentale.
Isidore GACK, }
Gustave LAURENCEAU, gymnastique.
Jules BOUIN, escrime.

IMP. GEORGES JACOB, — ORLÉANS.

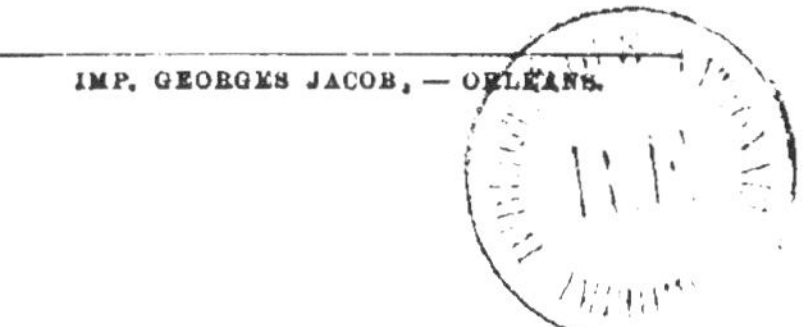

www.ingramcontent.com/pod-product-compliance
Ingram Content Group UK Ltd.
Pitfield, Milton Keynes, MK11 3LW, UK
UKHW020925180726
13838UKWH00002B/757